Einheimische ohne Verwaltungshintergrund aber mit Parteibuch?

Eine Untersuchung des „Baden-Profils“ am Beispiel amtierender Bürgermeister im ehemaligen badischen Landesteil

Mein Dank gilt,

…meiner Verlobten und meinen Eltern, für die Unterstützung in Form von Lektorat und Plausibilitätsdiskussion und ihr bedingungsloses Verständnis,

…meinem Erstgutachter und Rektor der Hochschule Kehl, Prof. Paul Witt für seine Bereitschaft, mich bei dieser Untersuchung mit seinem Namen und seiner Expertise zu unterstützen,

…meinem Zweitgutachter Christoph Beil, der jederzeit für einen differenzierten Meinungsaustausch zur Verfügung und mit Rat zur Seite stand,

…Prof. Dr. Hans-Georg Wehling, der mit der Erforschung des Baden-Profils den Grundstein für diese Thesis legte und dessen Arbeit ich – nicht erst seit der vertieften Auseinandersetzung im Rahmen dieser Thesis – sehr schätze,

…den (Ober-)Bürgermeisterinnen und (Ober-)Bürgermeistern im badischen Landesteil, die sich trotz des kräftezehrenden Amtes in beeindruckender Zahl an dieser Forschung beteiligten,

Ohne all diese Menschen wäre diese Arbeit in dieser Form nicht möglich gewesen.

Norman Liebing

Einheimische ohne Verwaltungshintergrund aber mit Parteibuch?

Eine Untersuchung des „Baden-Profils“ am Beispiel amtierender Bürgermeister im ehemaligen badischen Landesteil

Aus datenschutzrechtlichen Gründen und zugesagter Berücksichtigung der Interessen einzelner Respondenten, wurden insb. die sensiblen, soziodemographischen Matrizen und detaillierten, respondentengenauen Ausführungen zu Parteien dieser Publikation entnommen. Gern unterstützt der Autor gleichgerichtete Untersuchungen mit seinem Datenmaterial. Eine formlose Kontaktaufnahme ist über liebingnorman@gmail.com möglich.

Bibliografische Information der Deutschen Nationalbibliothek:

Die Deutsche Nationalbibliothek verzeichnet diese Publikation in der Deutschen Nationalbibliografie; detaillierte bibliografische Daten sind im Internet über http://dnb.dnb.de abrufbar.

Herstellung und Verlag: BoD – Books on Demand, Norderstedt

ISBN: 978-3-7347-4023-7

ABKÜRZUNGSVERZEICHNIS
TABELLENVERZEICHNIS
ABBILDUNGSVERZEICHNIS
VERZEICHNIS DER ANLAGEN
1. EINLEITUNG 1
1.1 Motivation 2
1.2 Forschungsstand und Problemstellung 3
1.3 Forschungsfragen und Zielsetzung 6
1.4 Forschungsdesign und Methodik 7
1.4.1 Schärfung des Baden-Profils 7
1.4.2 Wissenschaftliche und praktische Relevanz 8
1.4.3 Quantitative und qualitative empirische Forschung 9
1.4.4 Repräsentativität und Stichprobengüte 12
1.5 Aufbau der Arbeit 18
2. BEGRIFFSDEFINITION/-ABGRENZUNG DES BADEN-PROFILS 20
2.1 Die räumliche Abgrenzung Badens 21
2.1.1 Negativabgrenzung: Ausschluss heterogener Gebiete 23
2.1.2 Trugschluss der Analogie von „badischen“ Regierungsbezirken 25
2.1.3 Gegenstand der Forschung: 423 homogene badische Kommunen 27
2.2 Inhaltliche Definition des Baden-Profils 30
2.2.1 Verwaltungsferne, berufliche Erfahrung 31
2.2.2 Amtsortnahe Herkunft 32
2.2.3 Mitgliedschaft und Nähe zu politischen Parteien 33
2.2.4 Das Baden-Profil als Ausdruck einer eigenen politischen Kultur Badens 34
2.3 Zeitgeschichtliche Entwicklung des Baden-Profils 36
2.3.1 Zeitgeschichtliche These zur Erklärung des Baden-Profils 37

2.3.2 Entwicklung / Diskussion des Baden-Profils in der Literatur bis 2018 41
2.4 Rechtliche Einordnung des Baden-Profils 56
2.4.1 Bürgermeister im Ehren- bzw. Hauptamt 56
2.4.2 Rechtlicher Rahmen der Teilaussagen 58
3. BERUFLICHE (VERWALTUNGS-) ERFAHRUNG AMTIERENDER BÜRGERMEISTER 60
3.1 Makroanalyse des Forschungsergebnisses 63
3.1.1 Vorherige Berufstätigkeit 64
3.1.2 Hochschulstudium für Verwaltung 70
3.1.3 Plausibilitätsprüfung und Diskussion der Makroanalyse 71
3.2 Mikroanalyse und mögliche Determinanten 73
3.2.1 Rechtsstellung 73
3.2.2 Kommunengröße nach Einwohner 73
3.2.3 Altersstruktur 75
3.2.4 Amtsdauer 77
3.2.5 Geschlechterverteilung 78
3.2.6 Geographische Verteilung und regionale Ballungszentren 78
3.3 Referenzwerte und Zwischenresümee 81
4. HERKUNFT AMTIERENDER BÜRGERMEISTER 85
4.1 Makroanalyse des Forschungsergebnisses 85
4.2 Mikroanalyse und mögliche Determinanten 86
4.2.1 Rechtsstellung 87
4.2.2 Kommunengröße nach Einwohner 88
4.2.3 Altersstruktur 89
4.2.4 Amtsdauer 90
4.2.5 Geschlechterverteilung 90
4.2.6 Geographische Verteilung und regionale Ballungszentren 91
4.3 Referenzwerte und Zwischenresümee 93

5. PARTEIPOLITISCHE NÄHE AMTIERENDER BÜRGERMEISTER 96
5.1 Makroanalyse des Forschungsergebnisses 98
5.1.1 Hintergründe des (partei-)politischen Engagements 101
5.1.2 Profilierte Funktion / Stellung innerhalb der Partei 102
5.1.3 Der Exponent der stärksten politischen Kraft im Ort 105
5.1.4 Diskussion und Zusammenfassung der Makroanalyse 109
5.2 Mikroanalyse und mögliche Determinanten 111
5.2.1 Rechtsstellung 111
5.2.2 Kommunengröße nach Einwohner 112
5.2.3 Altersstruktur 114
5.2.4 Amtsdauer 116
5.2.5 Geschlechterverteilung 117
5.2.6 Geographische Verteilung und regionale Ballungszentren 118
5.2.7 Konfessionelle Prägung nach Landkreisen 121
5.3 Referenzwerte und Zwischenresümee 124
6. QUO VADIS? SELBSTREFLEXION BADISCHER BÜRGERMEISTER 128
6.1 Stellenwert der Parteipolitik auf kommunaler Ebene 129
6.2 Selbstverständnis badischer Bürgermeister 132
6.3 Kommentierung des Baden-Profils 135
7. (K)EIN BADEN-PROFIL? DISKUSSION UND IMPLIKATIONEN 138
8. SCHLUSSBETRACHTUNG 146
8.1 Fazit 146
8.2 Ausblick auf den weitergehenden Forschungsbedarf 148
LITERATURVERZEICHNIS 150
ANLAGEN 158

Abkürzungsverzeichnis

a. a. O.	am angegebenen Ort
Anm. d. Verf.	Anmerkung des Verfassers
AufwEntG	Aufwandsentschädigungsgesetz
BNN	Badische Neueste Nachrichten
BRD	Bundesrepublik Deutschland
BW	Baden-Württemberg
bspw.	beispielsweise
CDU	Christlich-Demokratische Union Deutschlands
EU	Europäische Union
GemO	Gemeindeordnung für Baden-Württemberg
GPA	Gemeindeprüfungsanstalt
FR	Freiburg
FW	Freie Wähler bzw. Freie Wählervereinigung
Hg.	Herausgeber
i. d. R.	in der Regel
i. S. v.	im Sinne von
i. V. m.	in Verbindung mit
KA	Karlsruhe
Kat	Kategorie
KomWG	Kommunalwahlgesetz Baden-Württembergs
KomWO	Kommunalwahlordnung Baden-Württembergs
LK	Landkreis
max.	maximal
Tab.	Tabelle
o. g.	oben genannte/r
RP	Regierungspräsidium
Prof.	Professor
rd.	rund
vgl.	vergleiche
zw.	zwischen

Tabellenverzeichnis

Tabelle 1: Gegenüberstellung der Befragungen 1984 (Gesamterhebung Baden-Württemberg) und 2018 (Gesamterhebung Baden) (Quelle: Wehling/Siewert (1984), S. 7ff. und 148ff). 10

Tabelle 2: Gegenüberstellung der teilnehmenden Bürgermeister (Rücklauf) und der befragten Bürgermeister (Grundgesamtheit) an der Studie 2018 nach Geschlecht. 13

Tabelle 3: Gegenüberstellung der teilnehmenden Bürgermeister (Rücklauf) und der befragten Bürgermeister (Grundgesamtheit) an der Studie 2018 nach Rechtsstellung. 14

Tabelle 4: Gegenüberstellung der teilnehmenden Bürgermeister (Rücklauf) und der befragten Bürgermeister (Grundgesamtheit) an der Studie 2018 nach Alter. 15

Tabelle 5: Gegenüberstellung der teilnehmenden Kommunen (Rücklauf) und der befragten Kommunen (Grundgesamtheit) an der Studie 2018 nach Einwohnerzahl. 16

Tabelle 6: Schematische Darstellung der untersuchten Städte und Gemeinden; alphabetisch sortiert und nach Einwohnerzahl kategorisiert (Quelle: Eigene Erhebung). 27

Tabelle 7: Gegenüberstellung der Verteilung der Kommunengrößen der eigenen untersuchten Menge mit Baden-Württemberg insgesamt (Quelle: Eigene Erhebung; Statistisches Landesamt, zahlen jeweils gerundet). 29

Tabelle 8: Gegenüberstellung der regionalen Herkunft der Bürgermeister in Anlehnung an Gehne/Holtkamp und Wehling/Siewert nach Landesteilen (Quelle: Gehne/Holtkamp (2005), S. 129, Abbildung 54; Wehling/Siewert (1984), S. 86 ff.).43

Tabelle 9: Herkunft der einheimischen Sieger in Anlehnung an Kern bei Abwahlfällen zwischen 1973 und 2003 (Quelle: Kern (2007), S. 175). 47

Tabelle 10: Matrix der Verteilung der ehrenamtlichen und hauptamtlichen Bürgermeister in der untersuchten Menge n=423 (Quelle: Eigene Erhebung und Abgleich mit den Hauptsatzungen der einschlägigen Kommunen). 57

Tabelle 11: Ballungsräume des Merkmals „ohne Verwaltungserfahrung“ bei r=25 Kilometern mit einem Wert von mehr als 0,5 je Kilometer Luftlinie (Quelle: Eigene Erhebung, Frage 2). 81

Tabelle 12: Ballungsräume des Merkmals „Aufgewachsen im Amtsort“ (n=81) bei r=25 Kilometern mit einem Wert von mehr als 0,5 Fällen je Kilometer Luftlinie (Quelle: Eigene Erhebung, Frage 1). 93

Tabelle 13: Gegenüberstellung der Referenzwerte bzgl. des Merkmals "Bürgermeister im Heimatort". (Quelle: Verdichtete Zusammenfassung des Kapitels 2.3.2). 94

Tabelle 14: Gegenüberstellung Parteimitglieder unter den Bürgermeistern (ohne FW) 1984 und 2018 in Anlehnung an Wehling. (Quelle: Wehling/Siewert (1984), S. 71, Tabelle 10, S. 87, Tabelle 20 und Eigene Erhebung, Frage 4). 99

Tabelle 15: (Partei-)Politische Zusammensetzung bei den Fallkonstellationen Exponent der stärksten (Ex1) bzw. einer der stärksten (Ex2) politischen Kräfte im Ort in Baden. (Quelle: Eigene Erhebung, Frage 7). 107

Tabelle 16: Ballungsräume des Merkmals „Bürgermeister mit Parteimitgliedschaft“ (n=170) bei r=25 Kilometern mit einem Wert von mehr als 0,5 Fällen je Kilometer Luftlinie (Quelle: Eigene Erhebung, Frage 4). 119

Tabelle 17: Verteilung der parteipolitischen Bürgermeister im Sinne des Baden-Profils nach konfessioneller Prägung in den Landkreisen, Konfession auf Basis der Daten des Zensus (Quelle: Eigene Erhebung, Abbildung 38, Zensus 2011, Datengrundlage https://ergebnisse.zensus2011.de/). 123

Tabelle 18: Verteilung der Bürgermeister mit Parteimitgliedschaft nach konfessioneller Prägung in den Landkreisen und Anteil der CDU-Mitglieder darin; Konfession auf Basis des Zensus (Quelle: Eigene Erhebung, Abbildung 38, Anlage 12, Zensus 2011, Datengrundlage https://ergebnisse.zensus2011.de/). 124
Tabelle 19: Übersicht der (soziodemographischen) Merkmale der n=50 Amtsinhaber, die angaben, dass ohne Parteien die Stadt-, bzw. Gemeindepolitik zur Kirchturmpolitik wird im Verhältnis zur Gesamtmenge aller badischer Bürgermeister. (Quelle: Eigene Erhebung, Frage 8). 130
Tabelle 20: Gegenüberstellung der Auswertungsergebnisse Wehlings und dieser Arbeit bzgl. der Rolle der Parteien in der Kommunalpolitik. (Quelle: in Anlehnung an Wehling/Siewert (1984), S. 79; eigene Erhebung, Frage 8). 131

Abbildungsverzeichnis

Abbildung 1: Grafische Darstellung der teilnehmenden Kommunen; grün: teilnehmende Kommunen; gelb: nicht teilnehmende Kommunen (Quelle: Eigene Erhebung und Gestaltung). 17
Abbildung 2: Grenzverlauf des historischen Territorium Badens von 1952 auf einer aktuellen Landkarte Baden-Württembergs (Quelle: Daten aus dem Räumlichen Informations- und Planungssystem (RIPS) der Landesanstalt für Umwelt, Messungen und Naturschutz Baden-Württemberg; 26.01.2015 & eigene Bearbeitung). 22
Abbildung 3: Die Verwaltungsgliederung Baden-Württembergs zum 01.07.2018; gelb markiert homogene badische Kommunen, lila markiert heterogene Kommunen (Quelle: Karte der Landeszentrale für politische Bildung Baden-Württemberg; eigene Bearbeitung). 24
Abbildung 4: Die Regierungsbezirke Karlsruhe und Freiburg und das historische Baden (Quelle: Eigene Erhebung und Gestaltung).26
Abbildung 5: Das Baden-Profil bei Abwahlen in Anlehnung an Kern; Einheimische Sieger in n=35 Fällen zwischen 1973 und 2003 sortiert nach Häufigkeit im jeweiligen Regierungsbezirk (Quelle: Kern (2007), S. 174). 46
Abbildung 6: Zugehörigkeit der n=1.149 zwischen 2002 und 2009 gewählten Bürgermeister in Baden und Württemberg zu einer Partei oder zu einer Wählervereinigung in Anlehnung an Klein. Unter „Sonstige" subsumierte Klein Mitgliedschaften in der FDP, den Grünen, der ÖDP und lokalen Listen, was in 21 Fällen in Württemberg und in 15 Fällen in Baden zutraf. (Quelle: Klein (2014), Abbildung 17, S. 175). 50
Abbildung 7: Politische Bindung der Oberbürgermeister in Baden-Württemberg, Stand Dezember 2007. n= 97 (nach Landesteilen)

bzw. n=98 nach Verwaltungsgliederung inkl. Villingen-Schwenningen in Anlehnung an Holzwarth. (Quelle: Holzwarth (2016), S. 167 Tabelle 51.) 53

Abbildung 8: Beruflicher Hintergrund der Bürgermeister (n=320) aus der Frage nach der letzten, konkreten Tätigkeit vor der ersten Wahl zum Bürgermeister, konkretisiert hinsichtlich der Angabe, die einst auf dem Stimmzettel zur Person hinterlegt war; Ergebnis gruppiert in vier Kategorien (Quelle: Eigene Erhebung, Frage 2). 65

Abbildung 9: Aufgeschlüsselte Darstellung nach gruppierten Berufsangaben (Verdichtungsebene 2) in der Kategorie Öffentlicher Dienst mit Verwaltungserfahrung (Kat. 1, n=214) auf die Frage nach der letzten, konkreten Tätigkeit vor der ersten Wahl zum Bürgermeister, konkretisiert hinsichtlich der Angabe, die einst auf dem Stimmzettel zur Person hinterlegt war (Quelle: Eigene Erhebung, Frage 2). 66

Abbildung 10: Aufgeschlüsselte Darstellung nach gruppierten Berufsangaben (Verdichtungsebene 2) in der Kategorie Öffentlicher Dienst ohne Verwaltungserfahrung (Kat. 2, n=31) auf die Frage nach der letzten, konkreten Tätigkeit vor der ersten Wahl zum Bürgermeister, konkretisiert hinsichtlich der Angabe, die einst auf dem Stimmzettel zur Person hinterlegt war (Quelle: Eigene Erhebung, Frage 2). 67

Abbildung 11: Aufgeschlüsselte Darstellung nach gruppierten Berufsangaben (Verdichtungsebene 2) in der Kategorie Privater Sektor ohne Verwaltungserfahrung (Kat. 4, n=42) auf die Frage nach der letzten, konkreten Tätigkeit vor der ersten Wahl zum Bürgermeister, konkretisiert hinsichtlich der Angabe, die einst auf dem Stimmzettel zur Person hinterlegt war (Quelle: Eigene Erhebung, Frage 2). 69

Abbildung 12: Darstellung des Hochschulhintergrunds badischer Bürgermeister (n=320) (Quelle: Eigene Erhebung, Frage 3). 70

Abbildung 13: Infografik Teilmenge t1. 72

Abbildung 14: Gegenüberstellung der Bürgermeister ohne Verwaltungserfahrung (n=74) und badischer Bürgermeister (n=423) nach Einwohneranzahl ihrer Kommunen (Quelle: Eigene Erhebung). 74
Abbildung 15: Alterspyramide der Bürgermeister ohne Verwaltungserfahrung (n=74) und aller badischen Bürgermeister (n=420) nach Alterskategorien (Quelle: Eigene Erhebung, Frage 1). 76
Abbildung 16: Gegenüberstellung der Bürgermeister ohne Verwaltungserfahrung zum Zeitpunkt ihrer Erstwahl (n=74) und badischer Bürgermeister (n=423) anhand deren Amtsdauer in ihrer aktuellen Kommune (Quelle: Eigene Erhebung, Frage 1).77
Abbildung 17: Bürgermeister, die zum Wahlzeitpunkt keine Verwaltungserfahrung aufweisen konnten (blau markiert; n=74), historisches Baden in gelb visualisiert (Quelle: Eigene Erhebung und Darstellung) 80
Abbildung 19: Infografik Teilmenge t2. 86
Abbildung 20: Gegenüberstellung Bürgermeister im Heimatort (n=81) und badischer Bürgermeister (n=423) nach Einwohneranzahl ihrer Kommunen (Quelle: Eigene Erhebung, Frage 1). 88
Abbildung 21: Alterspyramide der Bürgermeister im Heimatort (n=81) und aller badischen Bürgermeister (n=420) nach Alterskategorien (Quelle: Eigene Erhebung, Frage 1). 89
Abbildung 22: Gegenüberstellung der Bürgermeister im Heimatort (n=81) und badischer Bürgermeister (n=423) anhand deren Amtsdauer in ihrer aktuellen Kommune (Quelle: Eigene Erhebung, Frage 1). 90
Abbildung 23: Bürgermeister, die in ihrem Amtsort aufgewachsen sind (rot markiert; n=81), historisches Baden in Gelb visualisiert (Quelle: Eigene Erhebung und Darstellung). 92
Abbildung 24: (Partei-)politische Orientierung der Bürgermeister in Baden (n=318) (Quelle: Eigene Erhebung, Frage 4). 99

Abbildung 25: Zeitpunkt und Umstände des Eintritts in eine Partei oder Wählervereinigung badischer Bürgermeister (Quelle: Eigene Erhebung, Frage 5). 102
Abbildung 26: Übersicht der n=91 Bürgermeister in Baden mit profilierten (partei-) politischen Funktionen und Mandaten (Quelle: Eigene Erhebung, Frage 6). 104
Abbildung 27: Verteilung der Konfessionsmehrheiten in Baden auf Basis des Zensus mit Darstellung des Anteils der Exponenten der stärksten politischen Kraft (schwarz: CDU) im Verhältnis zur Gesamtzahl der untersuchten Kommunen. (Quelle: Eigene Darstellung/Erhebung in Anlehnung an den Zensus, Datengrundlage https://ergebnisse.zensus2011.de/). 108
Abbildung 28: Infografik Teilmenge t31. 110
Abbildung 29: Infografik Teilmenge t32. 110
Abbildung 30: *Gegenüberstellung (partei-)politischer Bürgermeister im Sinne des Baden-Profils (n=18) und badischer Bürgermeister (n=423) nach Einwohneranzahl ihrer Kommunen (Quelle: Eigene Erhebung).* 113
Abbildung 31: Gegenüberstellung der Bürgermeister mit Parteimitgliedschaft ohne die FW (n=170) und badischer Bürgermeister (n=423) nach Einwohneranzahl ihrer Kommunen (Quelle: Eigene Erhebung). 114
Abbildung 32: Alterspyramide der (partei-)politischen Bürgermeister im Sinne des Baden-Profils (n=18) und aller badischen Bürgermeister (n=420) nach Alterskategorien (Quelle: Eigene Erhebung, Frage 1). 114
Abbildung 33: Alterspyramide der Bürgermeister mit Parteimitgliedschaft ohne die FW (n=170) und aller badischen Bürgermeister (n=420) nach Alterskategorien (Quelle: Eigene Erhebung, Frage 1). 115
Abbildung 34: Gegenüberstellung der (partei-)politischen Bürgermeister im Sinne des Baden-Profils (n=18) und badischer

Bürgermeister (n=423) anhand deren Amtsdauer in ihrer aktuellen Kommune (Quelle: Eigene Erhebung). 116

Abbildung 35: Gegenüberstellung der Bürgermeister im Heimatort (n=81) und badischer Bürgermeister (n=423) anhand deren Amtsdauer in ihrer aktuellen Kommune (Quelle: Eigene Erhebung). 116

Abbildung 36: Übersicht der Bürgermeister, die die parteipolitische Teilaussage im Sinne des Baden-Profils erfüllen (rosa markiert; n=18), historisches Baden in Gelb visualisiert (Quelle: Eigene Erhebung und Darstellung) 118

Abbildung 37: Übersicht der Bürgermeister (n=170), die innerhalb der Erhebung eine Mitgliedschaft in einer Partei angaben; historisches Baden und Fehlanzeige in Gelb. (Quelle: Eigene Erhebung und Darstellung). 120

Abbildung 38: Verteilung der Konfessionsmehrheiten in Baden auf Basis der Daten des Zensus (Quelle: Eigene Darstellung und Erhebung in Anlehnung an den Zensus 2011, Datengrundlage https://ergebnisse.zensus2011.de/). 122

Abbildung 39: Selbsteinschätzung badischer Bürgermeister (n=312) (Quelle: Eigene, Erhebung, Frage 9). 133

Abbildung 40: Gegenüberstellung der Anteile der Bürgermeister mit Selbstverständnis Politiker nach Wehling (Baden-Württemberg) und Liebing (Baden), kategorisiert nach Einwohner (Quelle: in Anlehnung an Wehling/Siewert (1984), S.81, Tabelle 17; eigene Erhebung, Frage 9). 134

Abbildung 41: Haltung badischer Bürgermeister (n=301) zu der Frage, ob das Baden-Profil im Jahr 2018 noch Gültigkeit besitzt. (Quelle: Eigene Erhebung, Frage 10). 135

Verzeichnis der Anlagen

Anlage 1: Anschreiben an die Respondenten 158
Anlage 2: Fragebogen 159
Anlage 3: Vorbereitetes Antwortschreiben (umseitig) 160
Anlage 4: Nicht untersuchte „heterogene" Kommunen 161
Anlage 5: Übersicht aller „homogenen" Kommunen 162
Anlage 6: Übersicht der Verdichtungsebenen 1-2 der Berufsangaben in der Kategorie Öffentlicher Dienst mit Verwaltungserfahrung 175
Anlage 7: Übersicht der Verdichtungsebenen 1-2 der Berufsangaben in der Kategorie Öffentlicher Dienst ohne Verwaltungserfahrung und der Verdichtungsebene 1 der Kategorie Privater Sektor mit verwaltungsähnlicher bzw. naher Erfahrung 176
Anlage 8: Übersicht der Verdichtungsebenen 1-2 der Berufsangaben in der Kategorie Privater Sektor ohne Verwaltungserfahrung 177
Anlage 9: Übersicht der n=62 Fälle, deren Berufsangabe in Kategorie 1 „Öffentlicher Dienst mit Verwaltungserfahrung" eingruppiert wurde, bei gleichzeitiger Angabe, kein Hochschulstudium für Verwaltung absolviert zu haben. 178
Anlage 10: Grafik: Herkunft der badischen Bürgermeister; eruiert mit der Frage: „Wo sind Sie aufgewachsen?" 180
Anlage 11: Übersicht der Bürgermeister (n=170), die innerhalb der Erhebung eine Mitgliedschaft in einer Partei angaben sowie Darstellung der vier Ballungsräume 181
Anlage 12: Matrix: Herkunft der badischen Bürgermeister; eruiert mit der Frage: „Wo sind Sie aufgewachsen?" 182
Anlage 13: Geographische Verteilung des Anteils der Bürgermeister (n=50), die den Parteien eine bedeutsame Rolle zuerkannten 183

1. Einleitung

„Der Bürgermeister in Baden-Württemberg“ war der Titel der ersten empirischen Studie unter allen Bürgermeistern der frühen 1980er Jahre. Ihre Ergebnisse mündeten in der Monographie von Wehling und Siewert aus dem Jahre 1984[1], in der der idealtypische Bürgermeister[2] in Baden-Württemberg beschrieben wird.

Die Monographie mit ihrer zugrundeliegenden Elitenstudie gab erstmals fundierte, wissenschaftliche Einblicke in das Sozialprofil der Menschen an der Spitze der Städte und Gemeinden: wo sie herkommen; wie alt sie sind; welche Ausbildung sie genossen bzw. welchen Karriereweg sie zuvor nahmen; wie sich ihr Verhältnis zu den politischen Parteien darstellt u.v.m.

Damit schufen die Autoren unter Zuhilfenahme einschlägiger, wissenschaftlicher Ergebnisse den Inbegriff des idealtypischen Bürgermeisters in Baden-Württemberg: Er (nicht sie) ist nicht oder nur wenig parteipolitisch gebunden und ein erfahrener Verwaltungsfachmann von Extern. Dieser Prototyp gilt landesweit, wird jedoch in einem bestimmten Teil des Landes auffällig häufig auf links gedreht.

Laut Prof. Dr. Hans-Georg Wehling gegenüber dem Autor – als „Zufallsprodukt“ tituliert, fielen Wehling[3] in der Auswertung

[1] Wehling, Hans-Georg; Siewert, Hans-Jörg (1984): Der Bürgermeister in Baden-Württemberg. Eine Monographie. Stuttgart: W. Kohlhammer.

[2] Gemeint sind volksgewählte Vertreter im Sinne des § 42 GemO, d. h. auch Oberbürgermeister einschließend. Aus Gründen der leichteren Lesbarkeit wird in der vorliegenden Masterarbeit das geschlechtsabstrahierende, generische Maskulinum bei personenbezogenen Substantiven und Pronomen verwendet. Dies impliziert jedoch keine Benachteiligung des weiblichen Geschlechts, sondern soll im Sinne der sprachlichen Vereinfachung als geschlechtsneutral zu verstehen sein. Wird darüber hinaus innerhalb dieser Arbeit explizit von Oberbürgermeistern gesprochen, meint dies ausschließlich volksgewählte Bürgermeister in Städten mit mehr als 20.000 Einwohnern.

[3] Da Wehling als Projektleiter in inhaltlicher Sicht der Forschungsgruppe vorstand und Siewert die Umfragetechnik und EDV-basierte Auswertung übernahm, wird in Folgenden von *Wehlings* Studien gesprochen – den Beitrag Siewerts dabei nicht verkennend. Dies soll zum einen der besseren Lesbarkeit dienen, zum anderen dem inhaltlichen Schwerpunkt gerecht werden. Gemeint sind jedoch immer die

„Abweichungen in Baden auf, ohne das[s] wir [die Autoren Wehling und Siewert; Anm. d. Verf.] vorab eine überprüfbare Hypothese formuliert hatte[n]".[4] Dieses erstmals beobachtete und wissenschaftlich belegte Phänomen, das sog. „Baden-Profil", kann mit den im Titel dieser Thesis gewählten Schlagworten umschrieben werden: Es sind *eher* Einheimische ohne Verwaltungshintergrund aber mit Parteibuch.

Der Hervorhebung des Wortes *eher* kommt hier essentielle Bedeutung zu: zur pauschalen, einheitlichen Bewertung einer politischen Kultur, die dabei wesentlich auf räumliche, hier gar territoriale Abgrenzung abstellt, braucht es eben diese Grenzen – die es jedoch faktisch seit Gründung Baden-Württembergs nicht mehr gibt.

Der amtsinhaberorientierte Deutungsansatz Wehlings unternimmt daher den Versuch, die politische Kultur innerhalb eines heutzutage nicht mehr eingegrenzten Gebietes isoliert zu beschreiben, wohlwissend darum, dass mit Blick auf die seit des Zusammenschlusses Baden-Württembergs verstrichenen Jahrzehnte eine Angleichung zu erwarten ist.

Ob, wo und in welcher Ausprägung das Baden-Profil verwischt oder fortwährend Bestand hat, die Sozialprofile der Bürgermeister sich ggf. angleichen oder differieren, soll im Mittelpunkt dieser Arbeit stehen.

1.1 Motivation

Der Verfasser nahm sich im Jahr 2017 im Rahmen eines Essays[5] der detaillierten Analyse der Bürgermeisterwahlen in Gernsbach und Loffenau im Landkreis Rastatt an. Zur Bewertung und Kommentierung, wie in einem Essay üblich, bediente sich der Autor u. a. auch Wehlings Baden-Profil, um hiermit eigene Beobachtungen

---

Forschungen zwischen 1980-82 bzw. die 1984 unter gemeinsamen Namen veröffentlichte Monographie.

[4] E-Mail des Prof. Dr. Wehling vom 12.11.2017 an den Autor.

[5] Liebing, Norman (2018): Junge Bürgermeister in Rathäusern - Eine Trendwende im Landkreis Rastatt? unveröffentlichtes Essay im MPM16 an der Hochschule Kehl.

einzuordnen. Die eigenen Ergebnisse der qualitativen Forschung im Rahmen des Essays – wenngleich aufgrund der untersuchten Menge grundsätzlich natürlich nicht repräsentativ – und die Erkenntnisse aus der flankierenden Literaturrecherche festigten nachhaltig den Wunsch, das Baden-Profil in einer größer angelegten empirischen Studie zu überprüfen. Die vorliegende Masterthesis im Rahmen des berufsbegleitenden Studiums Public Management an der Hochschule Kehl bot hierfür im Jahr 2018 den opportunen Rahmen.

Empirisch bedeutet, die Realität zu beobachten und zu erfassen. Dadurch werden Daten gewonnen, über deren Verarbeitung man zu Ergebnissen gelangt. Nach der Interpretation und Diskussion derer, schafft man wissenschaftliche Erkenntnisse.

Es ist höchst motivierend für den Verfasser, durch sein Zutun neues Wissen zu schaffen, mit dieser Thesis zu konservieren und so den bisherigen Wissensstand kontinuierlich auszubauen. Denn bei dem wissenschaftlichen Arbeiten geht es nicht nur um die Wiedergabe des bisherigen Forschungsstands, sondern expressis verbis um das Generieren neuer Erkenntnisse. Dabei müssen die neugewonnenen Erkenntnisse mit transparenter Methodik erhoben werden, damit sie bspw. von Dritten fortgeführt werden können. Leitende Gedanken dieser Methodik sind die sog. Forschungsfragen. Diese werden in Kapitel 1.3 näher konkretisiert.

1.2 Forschungsstand und Problemstellung

Das Baden-Profil als explizit kommunalpolitische Erscheinung stellt ein von der Politikwissenschaft bislang nur flankierend behandeltes Phänomen dar. So sahen bereits z. B. Gehne und Holtkamp in Wehlings Studie „einen der wenigen empirischen Belege für die Auswirkungen regionaler politischer Kultur in der kommunalwissenschaftlichen Forschung“[6].

[6] Gehne, David H.; Holtkamp, Lars (2005): Fraktionsvorsitzende und Bürgermeister in NRW und Baden-Württemberg. In: Bogumil, Jörg; Heinelt, Hubert (Hg.): Bürgermeister

Eine Ursache kann darin gesehen werden, dass eine systematische Analyse der zahlreichen Amtsinhaber in einem heute nicht mehr definierten Raum nur sehr schwer möglich ist. Erschwerend kommt hinzu, dass eine zentrale Erfassung der Bürgermeisterwahlen in Baden-Württemberg nicht erfolgt und damit die Untersuchungen in diesem Bereich erschwert.[7]

Um jedoch präzise, wissenschaftliche Aussagen zu regionalen Unterschieden treffen zu können, darf sich eine geographische Gliederung nicht allein auf heutige Verwaltungseinheiten beziehen, sondern muss die historische Dimension berücksichtigen. Jüngere Studien zum Sozialprofil der Bürgermeister im Land neigten durch Pauschalisierung dazu, die Aussagekraft ihrer Ergebnisse in ihrer räumlichen Dimension bis zur Unkenntlichkeit zu verwischen. Zur näheren Auseinandersetzung mit dieser Unschärfe sei auf Unterkapitel 2.1.2 verwiesen.

Nicht zuletzt auch deshalb haben die Ergebnisse Wehlings Studie, mit ihren Bestandteilen – wie dem Baden-Profil – die Forschung weiter über Jahrzehnte „grundlegend“[8] geprägt. Die wissenschaftliche Literatur „bezieht sich ganz überwiegend (…) zu dem Thema“[9] auf das Werk Wehlings. Zahlreiche, jüngere Forschungen sahen die Ergebnisse regelmäßig grundsätzlich bestätigt.[10] Keine wollte und

---

in Deutschland. Politikwissenschaftliche Studien zu direkt gewählten Bürgermeistern. Wiesbaden: VS Verlag für Sozialwissenschaften (Stadtforschung aktuell, 102), S. 128.

[7] Vgl. Statistisches Landesamt Baden-Württemberg (Hg.) (2017a): Statistisches Monatsheft Baden-Württemberg 1/2017. „Bürgermeisterwahlen in Baden-Württemberg; Eine Analyse auf der Basis der Wahlen von 2010 bis 2015; Teil 1: Bürgermeisterwahlen und die Bewerber“ (Autor: Thomas Schwarz), Stuttgart, S. 29.

[8] Kern, Timm (2007): Warum werden Bürgermeister abgewählt? Eine Studie aus Baden-Württemberg über den Zeitraum von 1973 bis 2003. 2. Auflage Stuttgart: Kohlhammer, S. 24.

[9] Holzwarth, Erich (2016): Erfolgsfaktoren für Oberbürgermeisterwahlen. Dissertation an der Universität Stuttgart. Norderstedt: Books on Demand, S. 50.

[10] Dazu u. a. Klein, Alexandra (2014): Bürgermeisterwahlen in Baden-Württemberg. Wahlbeteiligung, Wahltypen und Sozialprofil. Stuttgart: Kohlhammer oder Tabor, Manuel (2006): Bürgermeister in Baden-Württemberg – Anspruch und Wirklichkeit. Eine Untersuchung von Sozialprofil und Aufgaben der Amtsinhaber, sowie der Anforderungen und Vorstellungen der Wähler. Diplomarbeit an der FH Kehl.

konnte sie ganzheitlich widerlegen. So ist es wenig verwunderlich, dass die Primärquelle, die o. g. Monographie und deren Aussagen, bis zum heutigen Tag einschlägigen Publikationen als Referenz dienen.[11]

Wehling dokumentierte mit diesem Forschungsergebnis bereits drei Jahrzehnte nach Gründung des Südweststaats im Jahre 1952 bzw. nach Verabschiedung einer für alle Kommunen einheitlichen Gemeindeordnung für Baden-Württemberg (GemO) im Jahre 1955 nach wie vor „Unterschiede in der kommunalpolitischen Willensbildung zwischen den historischen Landesteilen“[12,13]. So ist zu beobachten, dass „trotz derselben Gemeindeordnung deutlich unterschiedliche Vorstellungen von der „Normalität“ kommunalpolitischen Agierens bestehen und sich (…) auch in entsprechenden Handlungsweisen niederschlagen“[14]. Der „historisch tradierten Grenze entspricht eine mentale Grenze“[15] und mündet dadurch in einem kollektiven, badischen Wir-Bewusstsein, ohne das die dafür ursächlichen, badischen Staatsgrenzen noch gegenwärtig sind.

Der Politikwissenschaftler Wehling selbst gibt in seinen jüngsten Publikationen fortwährend an, dass die Aussagen des Baden-Profils bis heute Bestandskraft haben, wenngleich die Unterschiede zwischen den ehemals getrennten Landesteilen zunehmend

[11] Vgl. Bogumil, Jörg; Holtkamp, Lars (2013): Kommunalpolitik und Kommunalverwaltung. Eine praxisorientierte Einführung. Bonn: Bpb Bundeszentrale für Politische Bildung (Schriftenreihe / Bundeszentrale für Politische Bildung, 1329), S. 154.

[12] Wehling/Siewert (1984), S. 83.

[13] An dieser Stelle sei angemerkt, dass sich der Verfasser sehr wohl bewusst ist, dass das Pendant zum historischen Baden in zeitgeschichtlich korrekter Sicht Württemberg *und Hohenzollern* sind. Da aber selbst der Erforscher des Baden-Profils in Differenzierung vom Baden-Profil diesen Umstand nicht näher thematisiert, soll auch vorliegende Masterthesis im Folgenden nur von Württemberg sprechen. Dies ist auch zweckmäßig, zumal vorliegende Thesis auf eine isolierte Betrachtung Badens aus ist, was eine detaillierte Analyse des abgegrenzten Gebietes in sich obsolet macht.

[14] Egner, Björn; Heinelt, Hubert (2005): Sozialprofil und Handlungsorientierung von Bürgermeistern in Deutschland. In: Bogumil, Jörg; Heinelt, Hubert (Hg.): Bürgermeister in Deutschland. Politikwissenschaftliche Studien zu direkt gewählten Bürgermeistern. Wiesbaden: VS Verlag für Sozialwissenschaften (Stadtforschung aktuell, 102), S. 147.

[15] Wehling, Hans-Georg (Hg.) (1985): Regionale politische Kultur. Stuttgart: Kohlhammer (Kohlhammer-Taschenbücher Bürger im Staat, 1069), S. 11.

verwässern.[16] Bereits 1984 erkannte Wehling eine „allmähliche Angleichung des Sozialprofils (…) und zwar in die württembergische Richtung“[17].

Unklar ist jedoch, wie bedeutend die Unterschiede der kommunalpolitischen Willensbildung im Jahre 2018 – 66 Jahre nach der Gründung Baden-Württembergs – konkret sind. So stellte u. a. Klein jüngst fest, dass sich das Sozialprofil „im Laufe der Jahre verändert [hat]“[18]. Die vorliegende Thesis betritt in dem Versuch der systematischen, isolierten Untersuchung badischer Bürgermeister in gewisser Weise wissenschaftliches Neuland – existiert sie in dieser Form doch bisher nicht.

Die vorgenannten Ausführungen zeigen auf, wie grundlegend die Unterschiede zwischen Bürgermeistern im badischen bzw. württembergischen Landesteil im Kontext eines idealtypischen Sozialprofils einst waren, mutmaßlich noch sein könnten, oder aufgrund der Verwässerung des Baden-Profils im Sinne des württembergischen Ideals untergegangen sein könnten. Gleichzeitig deuten sie den Mehrwert an, den diese Thesis mit ihrem Erkenntnisgewinn liefern kann.

1.3 Forschungsfragen und Zielsetzung

Ausgehend von der im vorherigen Unterkapitel genannten Feststellung, dass eine Evaluation des Baden-Profils unter historisch und damit wissenschaftlich korrekter Betrachtung der aktuell amtierenden Bürgermeister in Baden in der Literatur nicht existiert, möchte die vorliegende Masterthesis ihren wissenschaftlichen Beitrag leisten und dieses Forschungsvakuum schließen. In der Absicht diese Lücke zu füllen, führt es zu den forschungsleitenden Fragen:

1. Wo verortet sich das historische Baden in der heutigen Verwaltungsgliederung? Welche Bürgermeister heutiger,

---

[16] Vgl. u. a. Wehling, Hans-Georg (2016b): Wer wird Bürgermeister? in: Witt, Paul (Hg.) Karrierechance Bürgermeister. Leitfaden für die erfolgreiche Kandidatur und Amtsführung, 2. Auflage, S. 27.

[17] Wehling/Siewert (1984), S. 84.

[18] Klein (2014), S. 56.

selbstständiger Gebietskörperschaften stehen historisch rein badischen Kommunen vor?

2. Wohin entwickelt sich das Sozialprofil heutiger Amtsinhaber im ehemaligen badischen Landesteil unter Berücksichtigung der Referenzwerte Wehlings zum Baden-Profil zum Zeitpunkt der Monographie? Ist Wehlings These[19] der allmählichen Angleichung in die württembergische Richtung beleghaft?

3. Welche Determinanten beeinflussen die Merkmalsausprägung der Teilaussagen des Baden-Profils?

1.4 Forschungsdesign und Methodik

1.4.1 Schärfung des Baden-Profils

Zur Bearbeitung der Thematik unter leitender gedanklicher Führung der o. g. Forschungsfragen bedarf es zunächst einer analytischen Betrachtung des Baden-Profils. Das Baden-Profil im Ganzen wird in seine Bestandteile – im Folgenden Teilaussagen genannt – fragmentiert. Neben der inhaltlichen Auseinandersetzung mit den einzelnen Teilaussagen, widmet sich der Verfasser der akribischen Definition und Schärfung der Begrifflichkeit unter rechtlichen, räumlichen und zeitgeschichtlichen Aspekten. Ziel ist eine dichotome Einteilung, damit die Ergebnisse bspw. zum Zwecke einer Gegenüberstellung mit ähnlich exakt abgegrenzten Untersuchungen Württembergs verwendet werden können.

Einen Erkenntnisgewinn zu generieren, kann nicht unter Ausschluss der Vorarbeiten und Entwicklungen geschehen. Daher kommt auch diesen formalen Momenten nicht nur flankierende Bedeutung zu. Vielmehr muss diese Bedeutung für die Thematik der Arbeit sichtbar werden. Daher werden die Aufbereitung bzw. o. g. Darstellung des Baden-Profils auch selber zum rahmenden und vorgezogenen Teil der sich anschließenden empirischen Untersuchung.

An dieser Stelle soll bemerkt sein, dass bereits in dieser vertiefenden Vorarbeit längst nicht nur die bloße

[19] Wehling/Siewert (1984), S. 84.

Erkenntniswiederholung im Mittelpunkt steht, sondern der Verfasser hier in Eigenarbeit zur Schärfung der Thematik beiträgt, bspw. hinsichtlich der räumlichen Komponente des Baden-Begriffs.

1.4.2 Wissenschaftliche und praktische Relevanz

Das wissenschaftliche Rückgrat dieser politologischen Thesis stellt eine Gesamtbefragung unter *allen* Bürgermeistern im ehemals badischen Landesteil dar.

Dabei stehen nicht der Einzelfall oder die Kandidatenkonstellation im Mittelpunkt des in dieser Forschung vorherrschenden politikwissenschaftlichem Interesses. Allein aus arbeitstechnischen Gründen ist dies unumgänglich. Es soll vielmehr resümiert werden, was aus der Summe der Einzelfälle der Sozialprofile der Amtsinhaber verallgemeinert werden kann, um letztlich im Wege der Analyse einen Erkenntnisgewinn zu generieren, der Auskunft darüber gibt, ob und wie das Baden-Profil das Sozialprofil badischer Bürgermeister im Jahr 2018 beschreibt.

Nicht zuletzt dient diese Vorgehensweise der Schärfung der Aussagekraft der empirischen Erhebung entsprechend den leitenden Forschungsfragen und entwickelt damit schwerpunktmäßig wissenschaftliche Relevanz. Eine Praxis-relevanz für den einzelnen Aspiranten auf einen kommunalen Chefsessel kann nur in sehr beschränktem Maße gesehen werden, begründet sich die Auswahl der passenden Kommune häufig auf anderen Merkmalen und Kriterien.[20]

Da ist es gar eher wahrscheinlich, dass die hier eruierten Ergebnisse in die strategischen Über-legungen von Wahlkampfberatern einfließen, die systematisch ihr Kandidaten- bzw. Kundenportfolio mit vakanten Bürgermeisterposten abgleichen.[21]

---

[20] Vgl. Abberger, Klaus (2013): Bürgermeister - was tun gegen die Bewerberflaute? Wahlkampftipps, Interviews, Kurioses aus 100 Kampagnen. Stuttgart: Boorberg, S. 46.
[21] a. a. O., S. 45ff.

1.4.3 Quantitative und qualitative empirische Forschung

Im empirischen Hauptteil der Arbeit erfolgt die Auseinandersetzung mit den leitenden Forschungsfragen unter Nutzung quantitativer und qualitativer Forschungsmethoden zur Erhebung von Primärdaten.

Diese deskriptive Arbeit basiert in Form einer groß angelegten, flächendeckenden, schriftlichen Umfrage[22] überwiegend auf quantitativer Feldforschung. Flankiert wird diese von offenen Fragen, deren Antworten der qualitativen Forschung zuzuordnen sind.

Naturgemäß ist es der Wunsch einer jeden quantitativen Forschung, eine möglichst hohe Rücklaufquote bei der Befragung zu erreichen. Dies ist auch eminent wichtig, warnt doch auch Löffler davor, Wahlausgänge und die ihr angeblich innewohnenden Erfolgsfaktoren vorschnell zu verallgemeinern. Letztlich ist jede Wahl eines Bürgermeisters eine Singularität.[23] Nur ein möglichst breiter Rücklauf hilft dem ab und gewährleistet statistisch signifikante Muster.[24]

Des Verfassers Petitum war es zunächst, mit seiner gewählten Vorgehensweise eine ähnliche Rücklaufquote zu erhalten, wie die der Primärquelle zugrundeliegende Studie. Es muss vermieden werden, dass die gewonnenen Erkenntnisse zu einer unsachgemäßen „Überbetonung lokaler Spezifika“[25] führen. Holtkamps Empfehlung hierzu folgend, werden die gewonnenen Erkenntnisse in Beziehung zueinander gesetzt, um relevante Ergebnisse zu generieren.

---

[22] Fragebogen samt Anschreiben und Rückantwortformular sind als Muster in der Anlage 1 - Anlage 3 hinterlegt.

[23] Vgl. Löffler, Berthold (2010): Bürgermeisterwahlkampf – Strategie und Taktik. In: Witt, Paul (Hg.): Karrierechance Bürgermeister. Leitfaden für die erfolgreiche Kandidatur und Amtsführung, 1. Auflage, S. 88.

[24] Die Überprüfung dieser statisch signifikanten Muster erfolgt in dieser Arbeit nach dem Chi-Quadrat-Test (χ^2).

[25] Holtkamp, Lars (2008): Kommunale Konkordanz- und Konkurrenzdemokratie. Parteien und Bürgermeister in der repräsentativen Demokratie. 1. Auflage Wiesbaden: VS Verlag für Sozialwissenschaften (Gesellschaftspolitik und Staatstätigkeit, 30), S. 47.

Eckzahlen der Untersuchungen	Wehling/Siewert (1984)	Liebing (2018)
Anzahl Kommunen	1110	423[26]
Anzahl Bürgermeister[27]	1090	420
Teilnehmer	516	317
Rücklaufquote	47,3 %	75,5 %
Anzahl der Fragen	67	13

Tabelle 1: Gegenüberstellung der Befragungen 1984 (Gesamterhebung Baden-Württemberg) und 2018 (Gesamterhebung Baden) (Quelle: Wehling/Siewert (1984), S. 7ff. und 148ff).

Der dieser Arbeit zugrundeliegende Rücklauf der politischen Amtsträger übertraf selbst die kühnsten Erwartungen des Autors: Von den 420 zum Stichtag 01.07.2018[28] der der Befragung zugrundeliegenden, amtierenden Bürgermeistern der 423 Kommunen in Baden antworteten 317, was einer **Rücklaufquote von 75,5 %** entspricht. Diese Rücklaufquote übersteigt nicht nur erheblich

[26] 423 entspricht der Zahl homogen badischer Kommunen in Baden-Württemberg, siehe hierzu im Detail Kapitel 2.1.

[27] Diese Angabe differiert von der Anzahl der Kommunen, da es gemäß § 63 GemO zulässig ist, in benachbarten, kreisangehörigen Gemeinden dieselbe Person zum Bürgermeister zu wählen. In Baden kommt dies exakt in drei Fällen vor, diese drei Männer haben alle an der Umfrage teilgenommen und sich jeweils für ihre beiden Kommunen erklärt.

[28] Der Tag wurde bewusst in Würdigung der Vorgaben des § 47 Abs. 1 GemO gewählt. Demnach ist eine Bürgermeisterwahl spätestens einen Monat vor Freiwerden der Stelle durchzuführen. Durch die zeitliche Nähe des gewählten Stichtages der Datensätze mit der beginnenden Ferienzeit konnte gewährleistet werden, dass Datensätze und Adressaten ein höchstmögliches Maß an Korrelation aufweisen. Ungenauigkeiten in Folge laufender Bürgermeisterwahlen sind dennoch nicht vollends auszuschließen, da es außer den Ausschlusstagen nach dem Willen des Gesetzgebers in § 2 KomWG keine „wahlfreie Zeit" gibt. Erfahrungsgemäß legt jedoch kein Gemeinderat einen Bürgermeisterwahltermin mitten in die Schulferien im Sommer, sondern nutzt die nach § 47 GemO zur Verfügung stehenden Fristen zur Disposition des Termins vor oder nach dieser Ferienzeit. Vgl. hierzu auch Klein (2014), S. 23.

die Quote Wehlings selbst, sondern auch weiterer, einschlägiger Studien in der Literatur, die im Folgenden in Kapitel 2.3.2 als Referenz aufgeführt werden.

Der äußerst positiv zu bewertende Rücklauf (siehe hierzu Tabelle 1 im Detail) hat nach Meinung des Autors drei Gründe: Erstens wurde die Befragung von Prof. Paul Witt namentlich unterstützt. Dessen Reputation als Rektor der Hochschule Kehl, insb. hinsichtlich einschlägiger Publikationen[29], aber auch die von der Presse[30] gern zitierte Expertise, ist unbestritten.

Zweitens bevorteilte der vom Autor sehr scharf abgegrenzte Sachverhalt die Entwicklung eines höchst kompakten Umfragebogens. Von Anfang an sah es der Verfasser für eine gute Rücklaufquote als essentiell an, dass die Fragen auf einem Blatt Papier Raum finden – der Bürgermeister sich sofort auf einem Blick von dem zeitlichen Aufwand überzeugen konnte.[31] Inhalt und Konzeption des Fragebogens wurden in einem Pretest mit bekannten Bürgermeistern erprobt.

Drittens hat der Verfasser, ob seinem beruflichen Hintergrund und seiner Kenntnis der inneren Funktionsweise einer baden-württembergischen Kommunalverwaltung bewusst eine klassische Umfragemethodik gewählt: *die Umfrage per Brief*.

Hintergrund dieser Entscheidung war, dass in Zeiten der E-Mail Flut (Stichwort: „Im Jahr 2018 werden weltweit 140 Milliarden berufliche E-Mails verschickt (…) pro Tag“[32]) nach Auffassung des

---

[29] Siehe hierzu jüngst z. B. Witt, Paul (Hg.) (2016a): Karrierechance Bürgermeister. Leitfaden für die erfolgreiche Kandidatur und Amtsführung. 2. Auflage. Stuttgart: Boorberg.

[30] Siehe hierzu u. a. Badische Zeitung (2018), Interview mit dem "Bürgermeistermacher": Diese Fähigkeiten braucht ein OB vom 03.02.2018, online abgerufen unter https://www.badische-zeitung.de/interview-mit-dem-buergermeistermacher-diese-faehigkeiten-braucht-ein-ob am 22.07.2018.

[31] Aus eigener, beruflicher Erfahrung kennt doch auch der Autor zu viele - meist digitale - Umfragen, die einen zeitlichen Aufwand von 5 Minuten aufrufen und man am Ende doch die dreifache Zeit in jenem Online-Tool aufwendet.

[32] WirtschaftsWoche (2015): Mit der Zahl der Mails steigt der Stresspegel vom 29.09.2015, online abgerufen unter www.wiwo.de/technologie/digitale-welt/e-mail-flut-mit-der-zahl-der-mails-steigt-der-stresspegel/12331198.html am 29.07.2018.

Autors ein persönlicher Brief besondere Aufmerksamkeit und Interesse generieren vermag. Geleitet wurde der Verfasser von der Idee: Wer persönliche Angaben abfragen will, sollte dies auch bei einer quantitativen Methode persönlich tun.

Aus eigenen Beobachtungen verschiedener Bürgermeister weiß der Verfasser: Wichtige Dinge landen nach wie vor ausgedruckt auf Papier auf dem Schreibtisch eines Schultes. Ein bereits vorliegendes Dokument mit förmlichem Eingangsstempel gerät nach Meinung des Verfassers demnach vermutlich deutlich weniger schnell in Vergessenheit, als eine E-Mail mit Umfrage-Betreff.

Weiter wurde dieser klassische Kommunikationsweg mit einer digitalen Erinnerung zur Halbzeit der Antwortfrist[33] Anfang August gekoppelt, um den Rücklauf weiter zu forcieren bzw. an liegen gebliebene Post zu erinnern. Auf die Verwendung eines Online-Tools zur Antworterfassung wurde bewusst verzichtet, um die Teilnahme an der Umfrage so niederschwellig wie möglich zu gestalten.

So komfortabel und niederschwellig die gewählte Vorgehensweise für die Adressaten ist, so verarbeitungsaufwendig ist sie für den Verfasser. Nichtsdestotrotz gab die ausgesprochen gute Rücklaufquote dieser sehr kostenintensiven Vorgehensweise Recht.

1.4.4 Repräsentativität und Stichprobengüte

Als repräsentativ wird eine Befragung angenommen, wenn der Rücklauf (n_r) der Befragten in bestimmten Repräsentativitätskriterien eine ähnliche Struktur aufweist wie die Grundgesamtheit (n_g). Damit wird unterstellt, dass aufgrund der Antworten dieser Teilmenge Rückschlüsse auf das Antwortverhalten der Grundgesamtheit möglich und wahrscheinlich sind.

Die vorliegende Befragung lässt auf eine sehr hohe Stichprobengüte des Rücklaufs schließen. Dies wird an den

[33] Der Versand der Fragebogen erfolgte am 13. Juli mit der Bitte um Beantwortung bis 19. August 2018.

Verhältnissen bekannter[34] Merkmalsausprägungen der Antwortenden zur Grundgesamtheit n_g (hier: alle Bürgermeister *in Baden*) deutlich.

Dies sei exemplarisch an den Merkmalen Geschlecht, Alter, Kommunengröße nach Einwohnern und geographischer Verteilung belegt:[35]

Geschlechter	Rücklauf (n_r=317)		Grundgesamtheit (n_g=420)	
	relativer Anteil an der Gesamtzahl der teilnehm. Bürgermeister (Delta zu n_g)	absolute Zahl der teilnehm. Bürger-meister	relativer Anteil an der Gesamtzahl der befragten Bürgermeister	absolute Zahl der befragten Bürger-meister
männlich ♂	91,8 % (+0,1 %)	291	91,7 %	385
weiblich ♀	8,2 % (-0,1 %)	26	8,3 %	35
Summe	**100 %**	**317**	**100 %**	**420**

Tabelle 2: *Gegenüberstellung der teilnehmenden Bürgermeister (Rücklauf) und der befragten Bürgermeister (Grundgesamtheit) an der Studie 2018 nach Geschlecht.*

Aus Tabelle 2 geht hervor, dass in Baden z. B. 35 Frauen das kommunale Spitzenamt innehaben, was einem Anteil von 8,3 % entspricht. Der Anteil der Frauen am Rücklauf entspricht mit 8,2 % mit einer Abweichung von nur 0,1 % annähernd exakt dem Anteil an der Grundgesamtheit.

---

[34] Als bekannt gelten die Merkmale Geburtsdatum und das aktuelle Alter, Amtsantritt und die aktuelle Amtsdauer, Geschlecht, Rechtsstellung (hauptamtlicher oder ehrenamtlicher Bürgermeister) sowie die Rahmendaten der dazugehörigen Kommune, insb. hinsichtlich ihrer Einwohnerzahl und Zuordnung zum Landkreis. Diese Daten wurden für die Grundgesamtheit vor Versand des Fragebogens aus öffentlich zugänglichen Quellen erhoben. Die Abfrage der persönlichen Angaben zu Beginn des Fragebogens diente daher nur dem Abgleich mit der bestehenden Datenbank. Der Abgleich zeigte, dass die erhobenen Daten zutreffend waren.

[35] Rundungsungenauigkeiten entstehen aufgrund der einstelligen Prozentangaben nach Komma, weshalb in manchen Fällen die Summe der Prozentangaben nicht exakt 100% entspricht. Dies gilt für alle Darstellungen dieser Art dieser Thesis.

Weiter macht Tabelle 3 beleghaft, dass auch die Proportionalität bzgl. der Rechtsstellung der Respondenten[36] mit einem verschwindend geringen Delta der Verteilung der Grundgesamtheit entspricht.

Rechtsstellung	Rücklauf (n_r=320)		Grundgesamtheit (n_g=423)	
	relativer Anteil an der Gesamtzahl der teilnehm. Bürgermeister (Delta zu n_g)	absolute Zahl der teilnehm. Bürger-meister	relativer Anteil an der Gesamtzahl der befragten Bürger-meister	absolute Zahl der befragten Bürger-meister
haupt-amtlich	96,3 % (+0,3 %)	308	96,0 %	406
ehren-amtlich	3,8 % (-0,2 %)	12	4,0 %	17
Summe	**100 %**	**320**	**100 %**	**423**

Tabelle 3: Gegenüberstellung der teilnehmenden Bürgermeister (Rücklauf) und der befragten Bürgermeister (Grundgesamtheit) an der Studie 2018 nach Rechtsstellung.

Dieses repräsentative Abbild der Gesamtheit findet sich sogar in komplexeren, vielfältigeren Merkmalen wie dem Alter in Tabelle 4:

[36] Konsequenterweise wurden hier die bereits benannten drei § 63 GemO-Fälle jeweils doppelt gezählt, jeweils einmal im Haupt, bzw. Ehrenamt. Dementsprechend stieg auch die Grundgesamtheit um n=3 an.

Lebensjahre	Rücklauf (n_r=317)		Grundgesamtheit (n_g=420)	
	relativer Anteil an der Gesamtzahl der teiln. Bürgermeister (Delta zu n_g)	absolute Zahl der teilnehmenden Bürgermeister	relativer Anteil an der Gesamtzahl der befragten Bürgermeister	absolute Zahl der befragten Bürger-meister
25-34	8,8 % (+1,4 %)	28	7,4 %	31
35-44	16,7 % (+0,3 %)	53	16,4 %	69
45-54	43,8 % (±0,0 %)	139	43,8 %	184
55-64	27,8 % (-0,8 %)	88	28,6 %	121
65-73	2,8 % (-0,8 %)	9	3,6 %	15
Summe	**100 %**	**317**	**100 %**	**420**

Tabelle 4: Gegenüberstellung der teilnehmenden Bürgermeister (Rücklauf) und der befragten Bürgermeister (Grundgesamtheit) an der Studie 2018 nach Alter.

Hierbei fällt zwar auf, dass die Beteiligung jüngerer Amtsinhaber tendenziell stärker ausfiel, jedoch sind auch diese Werte im Delta allenfalls als marginal zu beschreiben.

Ähnlich verhält es sich auch bei der Betrachtung bzgl. der Kommunengröße nach Einwohnern, in denen die Abweichung zwischen Teilmenge und Grundgesamtheit in den einzelnen Kategorien nach Einwohnerzahlen stets unter 2 % im Delta liegt.

Kommunen nach Einwohnerzahl	Rücklauf (n_r=320)		Grundgesamtheit (n_g=423)	
	relativer Anteil an der Gesamtzahl der teilnehm. Kommunen (Delta zu n_g)	absolute Zahl der teilnehm. Kommunen	relativer Anteil an der Gesamtzahl der befragten Kommunen	absolute Zahl der befragten Kommunen
unter 2.000	11,6 % (-1,6 %)	37	13,2 %	56
2.000-5.000	38,1 % (-0,2 %)	122	38,3 %	162
5.000-10.000	26,2 % (+1,9 %)	84	24,3 %	103
10.000-20.000	15,3 % (+0,2 %)	49	15,1 %	64
20.000-50.000	6,9 % (-0,2 %)	22	7,3 %	30
50.000-100.000	0,9 % (-0,1 %)	3	0,7 %	3
über 100.000	0,9 % (-0,3 %)	3	1,2 %	5
Summe	**100 %**	**320**	**100 %**	**423**

Tabelle 5: Gegenüberstellung der teilnehmenden Kommunen (Rücklauf) und der befragten Kommunen (Grundgesamtheit) an der Studie 2018 nach Einwohnerzahl.

Letztlich ist die Teilmenge der Antwortenden geo-graphisch gleichmäßig in der Grundgesamtheit Badens repräsentiert. Es besteht kein Anlass zu vermuten, dass lokale Spezifika aufgrund zu geringer oder im Vergleich zu starken Rückmeldungen größerer, räumlich zusammenhängender Gebiete unberücksichtigt oder über-betont werden.

Sinnvoller erschien es dem Verfasser, diese geo-graphische, gleichmäßige Verteilung nicht tabellarisch in Zahlen, sondern grafisch (Abbildung 1) ausgewertet als Beleg zu führen. Ferner lassen die Strukturdaten keine Verzerrungen erkennen.

Zusammenfassend hat vorliegende empirische Forschung aufgrund o. g. zahlreichen Nachweise eine ausgesprochen hohe Güte.

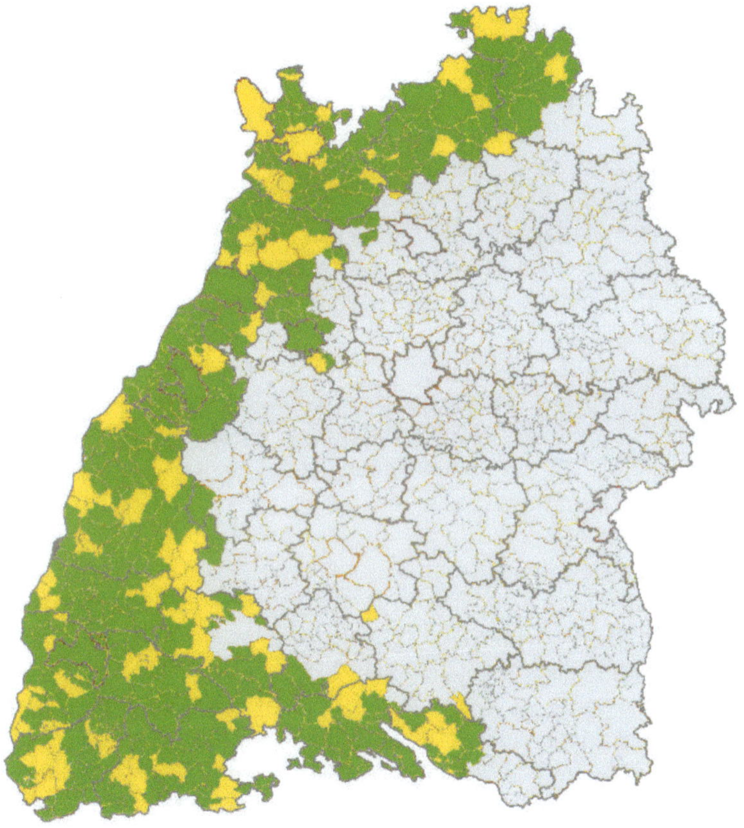

Abbildung 1: Grafische Darstellung der teilnehmenden Kommunen; grün: teilnehmende Kommunen; gelb: nicht teilnehmende Kommunen (Quelle: Eigene Erhebung und Gestaltung).

1.5 Aufbau der Arbeit

Die vorliegende Arbeit ist in acht Kapitel gegliedert. In diesem Kapitel wird über Gegenstand, Relevanz, methodisches Vorgehen und das Ziel Rechenschaft abgelegt.

In Kapitel 2 steht die tiefgreifende, analytische Aufarbeitung des Baden-Profils in räumlicher, inhaltlicher, zeitgeschichtlicher und rechtlicher Sicht im Mittelpunkt. Es dient als Grundlage für die ab Kapitel 3 anschließende Forschungsarbeit, in dem es den Begriff und die Aussagen des Baden-Profils für die Zwecke dieser Arbeit schärft und überprüfbar macht. Eine zusammenfassende Darlegung des Baden-Profils im wissenschaftlichen Diskurs seit 1984 bis heute vervollständigt dieses Kapitel. Dieser Literaturbericht schafft die Grundlage für die aktuelle Untersuchung und gibt erste Deutungsansätze.

In den Kapiteln 3 bis 5 werden die zentralen Untersuchungsergebnisse zum beruflichen Hintergrund, der Herkunft und zur Mitgliedschaft bzw. Nähe zu Parteien badischer Bürgermeister in dieser Reihenfolge je Kapitel einer Makroanalyse unterzogen. Die anschließende Mikroanalyse zeigt mögliche Determinanten der jeweiligen Merkmalsausprägung auf auf. Die Kapitel 3-5 bilden den Schwerpunkt dieser deskriptiven Arbeit.

Nachdem in den vorangegangenen Kapiteln anhand der empirischen Daten versucht wurde, das heutige Sozialprofil badischer Bürgermeister vor dem Hintergrund des Baden-Profils zu zeichnen, soll in Kapitel 6 das Selbstbild dieser Amtsträger beleuchtet werden. Hinsichtlich dieser subjektiven Einschätzungen, auch zur etwaigen Gültigkeit des Baden-Profils im Jahr 2018, war es des Verfassers Petitum, realitätsnahe Stellungnahmen und Einschätzungen der Betroffenen selbst zu eruieren, die helfen können, die erhobenen Daten einzuordnen und richtig zu bewerten.

Zum Ende hin werden die gewonnenen Erkenntnisse in Kapitel 7 aus den eigenen Erhebungen diskutiert und letztlich vor dem Hintergrund der o. g. leitenden Forschungsfrage ausgewertet. Dabei sind die gewonnenen Erkenntnisse und Thesen der Referenzen und Publikationen geeignet, sie in kritischer Distanz mit den eigenen empirischen Ergebnissen abzugleichen. Damit können letztlich Implikationen wie Veränderungen und Kontinuitäten im Baden-Profil aufgezeigt werden.

Im letzten Kapitel werden die zentralen Forschungsergebnisse der vorliegenden Thesis noch einmal zusammengefasst. Daran schließt der Ausblick auf den weiteren Forschungsbedarf.

2. Begriffsdefinition/-abgrenzung des Baden-Profils

Wie in Kapitel 1 bereits eingeführt, ist die Monographie mit der ihr zugrundeliegenden Gesamterhebung die „Geburtsstunde" des Baden-Profils. Die Deutlichkeit der Unterschiede im Sozialprofil der Bürgermeister veranlasste Wehling in den 1980er Jahren, von einem eigenständigen Baden-Profil zu sprechen.

Um sich dem Begriff und den Überlegungen dahinter zu nähern, bedarf es einer schrittweisen Fragmentierung der Theorie in ihre Elemente. Dies ist notwendig, um das Baden-Profil einerseits im Sinne des Erforschers zu verstehen, andererseits um es mit der gebotenen, wissenschaftlichen Schärfe untersuchen zu können.

Zunächst stellt sich, gerade in der heutigen Zeit, die Frage, was bzw. wo Baden ist. Im Fokus des Kapitels 2.1 steht dabei die Frage nach Baden in Baden-Württemberg und der Umgang mit den heterogenen Gebietskörperschaften, d. h. Städten und Gemeinden, die in sich sowohl badische wie württembergische Gebiete vereinigen.

Hierauf folgt in Kapitel 2.2 die inhaltliche Auseinandersetzung mit den drei Teilaussagen des Baden-Profils bzgl. des Sozialprofils eines Bürgermeisters.

Daran schließt in Kapitel 2.3 die zeitgeschichtliche Einordnung des Baden-Profils unter Rückgriff auf die Argumentationslinie Wehlings selbst und eine zusammenfassende Darstellung der Entwicklung bzw. Diskussion der Theorie in der Literatur nach deren Etablierung.

Den Abschluss markiert Kapitel 2.4 die rechtliche Einordnung der zuvor konstatierten Teilaussagen des Baden-Profils.

2.1 Die räumliche Abgrenzung Badens

Die geographische Abgrenzung Badens fällt fast 70 Jahre nach Gründung des Südweststaats schwer, ist aber zur Untersuchung des Baden-Profils essentiell.[37]

Im Austausch des Verfassers mit Wehling erklärte dieser, dass er dank seiner Kenntnis des Landes die Ergebnisse in den 1980er Jahren einordnen konnte, ohne vorab festgelegt zu haben, was genau Baden ist. Er gab ferner an, sich an dem historischen Baden, wie es bis 1952 bestanden hat, orientiert zu haben.

Diesen Ansatz aufgreifend, bediente sich der Verfasser eines amtlichen Gemeindeverzeichnisses zum 1. Januar 1952[38]. Dieses wies die ehemaligen Regierungsbezirke Nord- bzw. Südbaden aus, in die sich das Land Baden bis zum Zusammenschluss Baden-Württembergs am 25. April 1952 aufteilte. Anhand der hier gelisteten Kommunen, konnte das historische Territorium Badens nachvollzogen werden. Der aus den historischen Daten entwickelte Grenzverlauf stellt sich demnach wie in Abbildung 2 auf aktuellem Kartenmaterial dar.

Bereits 1984 führte Wehling unter Verweis auf die Verwaltungsreform der 1970er Jahre aus, dass die bewusste Verzahnung der beiden Landesteile insb. auf Ebene der Verwaltungsgliederung die Untersuchung der historischen Daten erschwert, und „nicht alle Unterschiede (...) in letzter Deutlichkeit herausgearbeitet werden [konnten]".[39] So umfass(t)en damals wie heute die (neu gebildeten) Regierungsbezirke, Landkreise und Kommunen selbst Gebiete beider Landesteile.

---

[37] Zur Begründung sei insb. auf Unterkapitel 1.2 verwiesen.

[38] Statistische Landesämter Stuttgart, Karlsruhe, Freiburg, Tübingen (1952): Amtliches Gemeindeverzeichnis Baden-Württemberg - Wohnbevölkerung nach der Volkszählung vom 13. September 1950; Fläche und fortgeschriebene Bevölkerung nach dem Stand vom 1. Januar 1952. Statistik von Baden-Württemberg, Band 2.

[39] Wehling/Siewert (1984), S. 83.

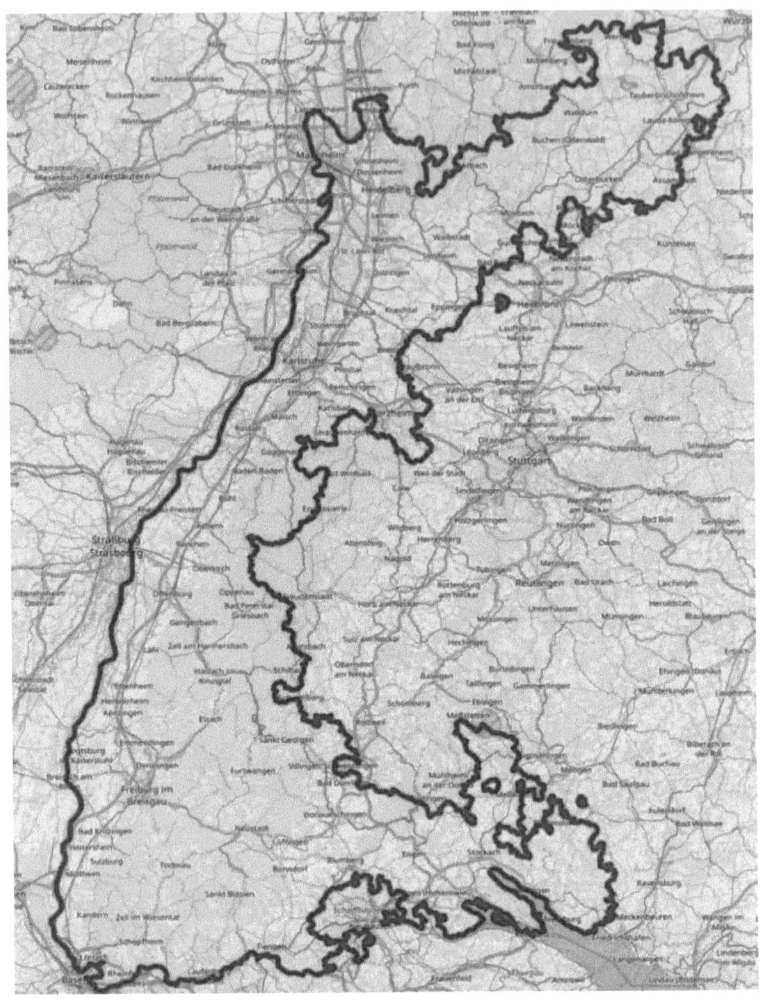

Abbildung 2: Grenzverlauf des historischen Territorium Badens von 1952 auf einer aktuellen Landkarte Baden-Württembergs (Quelle: Daten aus dem Räumlichen Informations- und Planungssystem (RIPS) der Landesanstalt für Umwelt, Messungen und Naturschutz Baden-Württemberg; 26.01.2015 & eigene Bearbeitung).

Die (geographische) Unschärfe als Forschungsvakuum im Bereich des Baden-Profils begreifend, legte sich der Verfasser auf, diese Lücke minutiös zu schließen.

2.1.1 Negativabgrenzung: Ausschluss heterogener Gebiete

Dem Umstand folgend, dass im Jahr 2018 neuformierte, selbstständige Kommunen existieren, die sowohl badische als auch württembergische Gebiete in sich vereinen, bedarf es einer Entscheidung hinsichtlich des Umgangs mit diesen hybriden „Grenzgebieten".

Der Verfasser hat sich im Interesse eindeutiger, aus-sagekräftiger Ergebnisse der anschließenden empirischen Untersuchung dazu entschieden, Gebietskörperschaften, die sich heterogen aus ehemals badischen und württembergischen Gebieten zusammensetzen, in die Untersuchung nicht miteinzubeziehen. Dies ist mit Blick auf die letztlich geringfügige Anzahl der zu entnehmenden Kommunen im Verhältnis zur Gesamtzahl der untersuchten Menge unkritisch. Überträgt man den Grenzverlauf Badens der vorherigen Orthografiken auf eine aktuelle Verwaltungsgliederungskarte, erhält man eine Vorstellung von Baden im heutigen Baden-Württemberg (Abbildung 3).

Obwohl somit der Gesamtmenge der empirischen Untersuchung n=37 Städte und Gemeinden entnommen[40] wurden, wurde sie nicht derart verkleinert, dass die Untersuchung Gefahr läuft, die sich aus der Analyse einzelner Rückläufe ergebenden Besonderheiten fälschlicherweise zu verallgemeinern. Die nachfolgenden, eigenen Untersuchungsergebnisse begründen sich demnach explizit nicht aus Daten aus den in Anlage 4 aufgeführten Kommunen.

---

[40] In diesem Zusammenhang kann ebenso fraglich sein, ob die untersuchte Menge noch um diejenigen Kommunen reduziert werden sollte, denen ein ehrenamtlicher Bürgermeister vorsteht. Hierauf wird im Kapitel 2.4.1 noch einmal detailliert zurückgekommen.

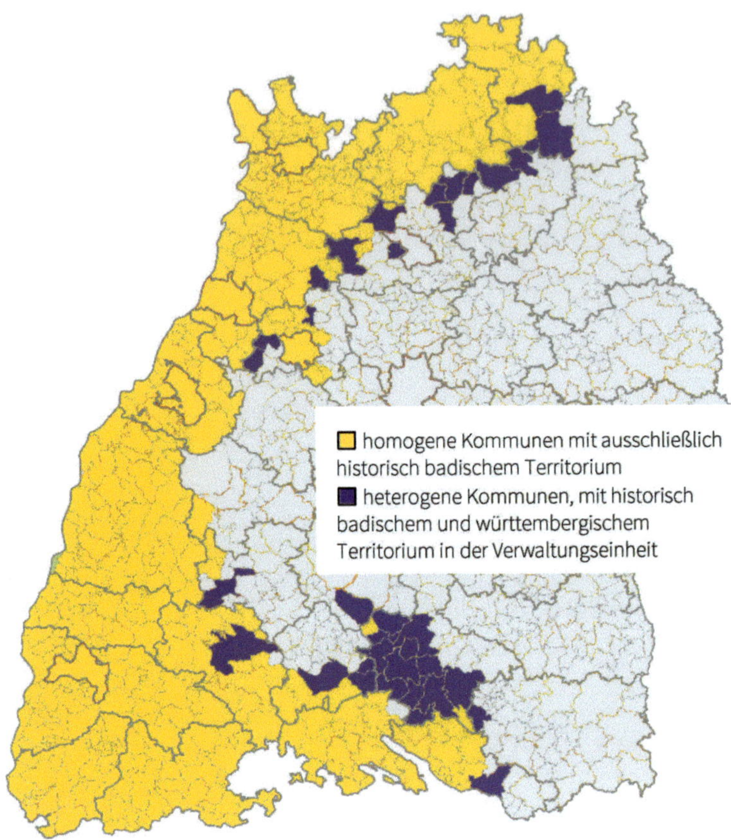

Abbildung 3: *Die Verwaltungsgliederung Baden-Württembergs zum 01.07.2018; gelb markiert homogene badische Kommunen, lila markiert heterogene Kommunen (Quelle: Karte der Landeszentrale für politische Bildung Baden-Württemberg; eigene Bearbeitung).*

2.1.2 Trugschluss der Analogie von „badischen“ Regierungsbezirken

Wie bei Einleitung und Hinführung zum Gegenstand dieser Thesis bereits angedeutet, entspricht das ehemalige Territorium Badens mitnichten der Gesamtheit der heutigen Regierungsbezirke Karlsruhe und Freiburg, wie nebenstehende Abbildung 4 zu untermauern weiß.

Die o. g. Verwaltungseinheiten behelfsmäßig heranzuziehen, um von Untersuchungsergebnissen des gesamten Bundeslands betreffend auf Teilergebnisse in „Baden“ zu schließen, mag im ersten Moment legitim erscheinen. Bei genauerer Betrachtung erweist sich diese Vorgehensweise aber als kaum wissenschaftlich und schmälert so die Aussagekraft der auf dieser Grundlage erhobenen Forschungsergebnisse und Thesen.

Dass die vom Gesetzgeber gewollte Verzahnung beider Landesteile weit über „Ausfransungen“ in Form einzelner Kommunen im Grenzbereich hinausgeht, ist in Abbildung 4 ersichtlich. Ohne die in der Grafik deutlich ersichtlichen, erheblichen Differenzen in aller Tiefe mit Zahlen zu hinterlegen, fallen doch bereits auf den ersten Blick folgende Sachverhalte auf: die n=26 badischen Kommunen im Main-Tauber- und dem Bodenseekreis bleiben bei Würdigung „Badens“ in Bezug auf die Regierungsbezirke Karlsruhe und Freiburg vollends außen vor. Gleichzeitig würden unter dem Signet „Baden“ n=97 Kommunen aus den Landkreisen Tuttlingen (35), Rottweil (21), Freudenstadt (16) und Calw (25) miteinbezogen, die historisch betrachtet gar nicht (LK Calw), oder nur einen sehr geringen Teil (6) badische Kommunen umfassen. Allein diese grobe Betrachtung reicht schon aus, um über 120 Fehlerquellen in der Datengrundlage zu lokalisieren, die die o. g. Gleichsetzung der „badischen“ Regierungsbezirke mit dem historischem Baden unter wissenschaftlichen Gesichtspunkten nicht adäquat erscheinen lässt.[41]

---

[41] Dementsprechend sind die, u. a. in Kapitel 2.3.2 benannten, Untersuchungsergebnisse in der Literatur, die sich unter Zuhilfenahme dieses Kunstgriffs auf das Baden-Profil beziehen wollen, nur bedingt vergleichbar mit den hier erhobenen Forschungsergebnissen.

Letztlich begründet eben dieser Umstand eindrucksvoll die Notwendigkeit und das Alleinstellungsmerkmal der exakten wissenschaftlichen Berücksichtigung der historischen Dimension der nachfolgenden Studie.

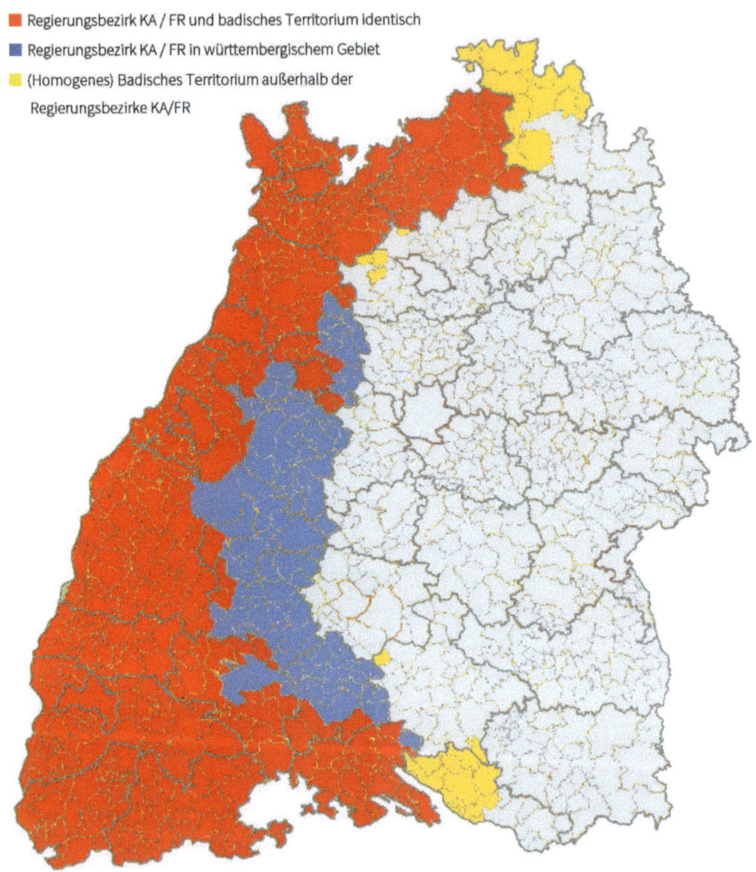

Abbildung 4: Die Regierungsbezirke Karlsruhe und Freiburg und das historische Baden (Quelle: Eigene Erhebung und Gestaltung).

2.1.3 Gegenstand der Forschung: 423 homogene badische Kommunen

Nachdem strittige Gebiete ausgeschlossen wurden, stellt sich die Frage nach der zu untersuchenden, positiven Menge. Dabei wird die Gesamtmenge n_g=423 im Folgenden zur besseren Lesbarkeit nur schematisch und kategorisiert aufgeführt.[42]

Einwohner / Stadt- bzw. Landkreis (Anzahl Kommunen)	unter 2.000	2.000-5.000	5.000-10.000	10.000-20.000	20.000-50.000	50.000-100.000	über 100.000	Summe
Bodenseekreis (15)	3	6	3	2	1			15
LK Breisgau-Hochschwarzwald (50)	9	22	13	6				50
LK Emmendingen (24)	2	14	3	3	2			24
Enzkreis (10)		2	6	2				10
LK Freudenstadt (1)		1						1
LK Heilbronn (4)	1	1	2					4
LK Karlsruhe-Land (31)	1	3	7	14	6			31
LK Konstanz (24)	1	13	3	4	3			24
LK Lörrach (35)	15	10	5	2	3			35
Main-Tauber-Kreis (11)	1	6	2	1	1			11
Neckar-Odenwald-Kreis (27)	4	15	6	1	1			27
LK Ortenau (51)	5	24	12	6	3	1		51
LK Rastatt (23)		10	7	3	3			23
Rhein-Neckar-Kreis (54)	3	16	13	16	6			54
LK Rottweil (2)	1	1						2
Schwarzwald-Baar-Kreis (18)	1	7	7	2	1			18
LK Sigmaringen (2)	1	1						2
Stadtkreis Baden-Baden						1		1
Stadtkreis Heidelberg							1	1
Stadtkreis Freiburg							1	1
Stadtkreis Mannheim							1	1
Stadtkreis Karlsruhe							1	1
Stadtkreis Pforzheim							1	1
LK Tuttlingen (3)		1	2					3
LK Waldshut (32)	8	9	12	2	1			32
GESAMTMENGE	56	162	103	64	31	2	5	423
Anteil an der Gesamtmenge	13,24%	38,30%	24,35%	15,13%	7,33%	0,47%	1,18%	100%

Tabelle 6: Schematische Darstellung der untersuchten Städte und Gemeinden; alphabetisch sortiert und nach Einwohnerzahl kategorisiert (Quelle: Eigene Erhebung).

Die nähere Betrachtung der o. g. Tabelle 6 bringt ferner folgende Erkenntnisse: Die insgesamt 423 Kommunen (ein Anteil von rd. 38% der insg. 1101 Städte und Gemeinden im Land) sind die Heimat von rund 4,5 Mio. Menschen, dies entspricht bei einer Gesamtbevölkerung

[42] Eine vollständige alphabetische Aufzählung aller untersuchten Städte und Gemeinden ist dem Anhang unter Anlage 5 beigefügt.

von rd. 10,9 Mio. Menschen im gesamten Bundesland[43] einem Anteil von rd. 41 %. Damit kommt zum Ausdruck, dass auch nach Ausschluss der heterogenen Gebiete, eine beträchtliche Anzahl an selbstständigen Kommunen mit wahlberechtigter Bevölkerung[44] und gewählten Wahlbeamten an ihrer Spitze verbleibt.

Besonderes Augenmerk wird später auch auf den Großstädten und ihrem Untersuchungsergebnis im Verhältnis zu kleineren Kommunen liegen. Demnach findet das idealtypische Profil nach Wehling grundsätzlich Anwendung im Land, jedoch mit Einschränkungen hinsichtlich der Größe der Kommune. So weichen insb. die Sozialprofile der Oberbürgermeister von Groß- und Universitätsstädten von der Regel ab, wenngleich nicht so diametral wie das Baden-Profil.[45] Hierzu zählt z. B. die Stadt Heidelberg, welche „unabhängig von der Größe der Stadt als politisierter als andere Städte“[46] gilt.

Daher soll weiter analysiert werden, inwieweit die der folgenden empirischen Untersuchung zugrundeliegenden Städte und Gemeinden auch vergleichbar hinsichtlich der Normverteilung der Kommunengrößen im ganzen Land sind:

---

[43] Gemäß Angabe des Statistischen Landesamts Baden-Württemberg zum 30.06.2017, www.statistik-bw.de/BevoelkGebiet/Bevoelkerung/99025010.tab?R=LA, online abgerufen am 31.07.2018.

[44] Wohlwissend der Annahme, dass nicht jeder dieser Einwohner wahlberechtigt ist. Gleichzeitig aber unterstellend, dass dieser Effekt in der untersuchten „badischen“ Teilmenge ähnlich wirkt, wie im verbleibenden, nicht untersuchten Landesteil.

[45] Vgl. hierzu Wehling/Siewert (1984), S. 88 aber auch Holzwarth (2016), S. 10.

[46] Klein (2014), S. 53.

Kommunengröße nach Einwohner	unter 2.000	2.000-5.000	5.000-10.000	10.000-20.000	20.000-50.000	50.000-100.000	über 100.000
Untersuchungsmenge	13,2 %	38,3 %	24,4 %	15,1 %	7,3 %	0,5 %	1,2 %
Land BW	16,3 %	36,3 %	24,2 %	13,7 %	7,3 %	1,3 %	0,7 %
Differenz	-3,1 %	+2,0 %	+0,2 %	+1,4 %	±0,0 %	-0,8 %	+0,5 %

Tabelle 7: Gegenüberstellung der Verteilung der Kommunengrößen der eigenen untersuchten Menge mit Baden-Württemberg insgesamt (Quelle: Eigene Erhebung; Statistisches Landesamt, zahlen jeweils gerundet).

Die Interpretation der Tabelle 7 muss eminent sorgfältig erfolgen, da die Zahlen des Statistischen Landesamts[47] für das Land Baden-Württemberg die Zahlen der badischen Städte und Gemeinden miteinschließen. Diesen Umstand stets beachtend, schwanken die Abweichungen nur marginal im Bereich von rd. -3 % bis max. +2 %. So möchte der Verfasser sensibel an dieser Stelle zumindest konstatieren, dass die untersuchte Menge tendenziell der Normverteilung im Land eher ent- als widerspricht. Ferner kann ebenso sensibel festgehalten werden, dass der Anteil sehr kleiner Gemeinden unter 2.000 Einwohnern in der Untersuchung tendenziell unterrepräsentiert ist.

Als Zwischenfazit kann konstatiert werden, dass die folgenden Untersuchungsergebnisse zum Baden-Profil hinsichtlich der ihnen zugrundeliegenden Datenbasis in Menge (absolute Zahl an Städten und Gemeinden: 38 % / Einwohner: 41 %) und der relativen Verteilung (Normverteilungs-Delta der Kommunengröße: max. ± 3 %) das Erfordernis der Repräsentativität erfüllen. Dies soll zeigen, dass das

---

[47] Vgl. Statistisches Landesamt Baden-Württemberg (Hg.) (2018): Statistische Berichte Baden-Württemberg, Artikel-Nr. 3122 17001 Bevölkerung und Erwerbstätigkeit am 30. Juni 2017, Stuttgart, S. 5.

Phänomen des Baden-Profils (in Gegenüberstellung zu Württemberg) nicht allein dadurch zustande kommt, dass die untersuchte Menge in Baden bspw. zu gering oder zu auffällig in der Normverteilung der Kommunengrößen ist.

2.2 Inhaltliche Definition des Baden-Profils

Bei dem Phänomen des Baden-Profils handelt es sich in inhaltlicher Sicht um eine Abweichung von der im Rahmen der Monographie von 1984 aufgestellten Norm zum Sozialprofil der Bürgermeister. Nach Wehling „unterscheiden sich badische und württembergische Bürgermeister nach dem zuvor ausgeübten Beruf, nach ihrer lokalen Herkunft, in ihrem Verhältnis zu den politischen Parteien“[48]. Diese drei Elemente des Baden-Profils, – die Teilaussagen – konkretisiert Wehling weiter wie folgt: In Baden sind die „Bürgermeister eher keine gelernten Verwaltungsfachleute, eher aus ihrem jeweiligen Amtsort stammend und eher Mitglieder einer politischen Partei – manchmal sogar recht profilierte“[49]. Diesen drei Teilaussagen widmen sich die nachfolgenden Unterkapitel in der o. g. Reihenfolge im Einzelnen.

So deutlich das Baden-Profil in räumlicher Sicht eine klare Abgrenzung postuliert, so unverbindlich bleibt es letztlich in inhaltlicher Sicht. So spricht Wehling wiederholt von *eher* vorzufindenden Sozialprofilen im Kontrast zum Prototyp nach württembergischem Ideal. Er bringt damit zum Ausdruck, dass das Baden-Profil in der Gesamtschau die Durchbrechung der württembergischen Norm erklären kann, es aber keineswegs im historischen Bereich Badens das Bürgermeisteramt zwingend und alternativlos beschreiben muss.

---

48 Wehling/Siewert (1984), S. 83.

49 Ebd.

2.2.1 Verwaltungsferne, berufliche Erfahrung

Der der Monographie zugrundliegenden Studie zufolge, waren 16,3 % der damals amtierenden Bürgermeister zuvor nicht in der Verwaltung tätig.[50] Diese relative Angabe allein besitzt wenig Aussagekraft, weil sie keinen Rückschluss auf die absoluten Zahlen hinsichtlich des Rücklaufs aus Baden respektive Württemberg erlaubt (bzw. die unter Kapitel 2.1 beschriebene Unschärfe bedingt, dass keine explizite Teilmenge Badens ausweis- bzw. nachvollziehbar ist). So kann der Aussage, dass Nicht-Verwaltungsfachleute im badischen „4,6mal so häufig"[51] als im württembergischen auftreten, weitaus mehr Aussagekraft für die weitere Überprüfung konzediert werden.

An dieser Stelle sei vorweggegriffen, dass es sich in Baden vornehmlich bis zur Gründung des Südweststaats um ehrenamtliche Bürgermeister handelte, die „naturgemäß Politiker mit sehr starker lokaler Verankerung [sind und] nur in Ausnahmefällen verfügen sie über eine Verwaltungsausbildung"[52]. Dank Übergangsbestimmungen konnten diese dann mittels Gemeinderatsbeschluss zu hauptamtlichen Bürgermeistern bestellt werden. Laut Wehling wurde hiervon rege Gebrauch gemacht, was letztlich dazu führte, dass faktisch hauptamtliche Bürgermeister in Baden wirkten, die vom Naturell und ihrer Vita – wie kann es anders sein – einem ehrenamtlichen Bürgermeister entsprachen.

Weiter wurde einst im Zuge der Studie Wehlings auch die konkrete, bisherige Berufstätigkeit erhoben. Demnach übten sich die badischen Bürgermeister seiner Zeit vor ihrem Amtsantritt im Handwerk oder gehörten der Gruppe der Kaufleute aller Art an, sofern sie nicht doch der Verwaltung entstammten.[53] Diese Angaben legten nahe, dass Bürgermeister in Baden nur werden konnte, „wer eine

---

[50] Vgl. Wehling/Siewert (1984), S. 84, S. 11.

[51] a. a. O., S. 84.

[52] a. a. O., S. 90.

[53] An diesem Beispiel wird die Aussage, badische Bürgermeister wären zuvor einer *eher* verwaltungsfernen Tätigkeit nachgegangen, erneut deutlich. Kamen Sie aus der Verwaltung, waren sie gar häufig Ratsschreiber oder sonstiger Bediensteter der Kommune, vgl. a. a. O., S. 85.

höhere soziale Stellung einnimmt".[54] Die nachfolgende Untersuchung wird diese Angabe des zuvor ausgeübten Berufes ebenso erheben. Hierbei ist allerdings zu unterstreichen, dass bewusst die letzte konkrete Tätigkeit vor *erstmaligem* Amtsantritt erforscht wird, um das spätere Untersuchungsergebnis nicht zu verfälschen. Amtsinhaber, die sich zum Zeitpunkt der Umfrage mindestens in ihrer zweiten Amtsperiode befinden, gelten kontextbedingt für die Wähler als verwaltungserfahren und -kompetent.[55]

2.2.2 Amtsortnahe Herkunft

In der Gesamterhebung der 1980er Jahre eruierte man, dass 38,3 % der Amtsinhaber in Baden auch zuvor an diesem Amtsort aufgewachsen sind.

Die Deutlichkeit und Aussagekraft dieser Zahl wird erst bei dem Quervergleich mit Württemberg offensichtlich: hier sind es nur 5% der Schultes, die direkt am Ort ihrer Amtsgeschäfte aufwuchsen.[56] Dies entspricht somit einem Faktor von 7,7.

Grundlage dieser Angaben war die Frage, wo der Amtsinhaber *aufgewachsen* ist. Wehling bestimmte dies als den Ort, an dem der Bürgermeister bis zum 18. Lebensjahr am *längsten* gewohnt hat.[57] Diese Definition soll im Interesse größtmöglicher Vergleichbarkeit auch der eigenen Untersuchung unter dem Begriff *Einheimische*[58] zugrunde liegen.

---

[54] Ebd.

[55] Vgl. Holzwarth (2016), S. 178.

[56] Vgl. Wehling/Siewert (1984), S. 86.

[57] a. a. O., S. 168 (Frage 62).

[58] Nach Wehling ist der Einheimische das Konglomerat derer, die angaben im Amtsort; im Landkreis; bzw. in der Gegend aufgewachsen zu sein, siehe hierzu Wehling/Siewert (1984), S. 68. Sein Baden-Profil stellte aber, wie dargestellt, explizit auf den Heimatort – und nicht ggf. den Nachbarort – ab. Der Begriff Einheimischer umschreibt nach Auffassung des Autors dieses Merkmal am treffendsten und wird daher – in bewusstem Kontrast zu Wehling – zur Beschreibung von Konstellationen beschrieben, in dem Amts- und Heimatort identisch sind.

Der Antwortkatalog[59] Wehlings zur Abfrage der persönlichen Herkunft soll im Interesse maximaler Vergleichbarkeit mit einer Streichung (Heimatvertriebene) weitestgehend übernommen (jetziger Amtsort / hier im Landkreis / Region, Gegend / Baden-Württemberg / BRD außerhalb Baden-Württembergs) werden. Ergänzt wird der Fragekatalog einzig um die Antwortmöglichkeiten „EU außerhalb der BRD" und einer Entfernungsangabe in Kilometern zur Antwort „in der Region". Letzteres erscheint mit Blick auf den schwierig definierbaren Begriff Region, bei Wehling als solches alleinstehend, unter den Antwortmöglichkeiten zweckmäßig.

Der zuvor bereits beschriebene, kontextbedingte Automatismus[60] von Amtsinhabern in zweiter oder weiterer Amtsperiode kommt in dieser Teilaussage grundsätzlich zum Tragen: Wieder kandidierende Amtsinhaber werden, unabhängig ihrer vorherigen Herkunft, nach acht Jahren zumindest nicht als auswärtige Bewerber angesehen. Auch unter Verwendung Wehlings Fragestellung, kann diese Untersuchungsunschärfe jedoch umgangen werden.

2.2.3 Mitgliedschaft und Nähe zu politischen Parteien

Badische Bürgermeister sind laut Wehling eher parteipolitisch engagiert, ohne dass er diese Auffassung in der Monographie mit Zahlen belegt. Viel mehr führt er grundsätzlich aus, dass zu seinem Erhebungszeitpunkt landesweit 49 % Bürgermeister Mitglied einer Partei ist. Einzig in exemplarischen Gegenüberstellungen einzelner, strukturähnlicher badischer wie württembergischer Landkreise, zeigt er mit Teilmengen einen Beleg für seine These auf. Diese parteipolitische Teilaussage des Baden-Profils sieht er weiter am stärksten ausgeprägt in katholisch-ländlichen Gebieten.[61]

Zwei weitere Besonderheiten dieser Teilaussagen werden in diesem Zusammenhang benannt: Erstens wie profiliert die

---

[59] a. a. O., S. 168 (Frage 62).

[60] Holzwarth (2016), S. 158, S. 180.

[61] Wehling/Siewert (1984), S. 87, S. 70.

Amtsinhaber in Bezug auf ihre parteipolitische Funktion sind, d. h. sie führende Positionen innerhalb eines Ortsverbands oder der Jugendorganisation innehaben oder hatten.[62] Zweitens, dass es sich in Baden bei dem Bürgermeister eher um „den Exponent der stärksten politischen Gruppierung am Ort"[63] handelt. Beide Aspekte komplettieren die ausgeprägten „parteipolitischen Gegensätze"[64], die die politische Kultur Badens vom Rest des Bundeslandes abgrenzen.

Diese starke Parteiorientierung im kommunalen Willensbildungsprozess kommt letztlich nicht nur bei den Bürgermeisterwahlen zum Tragen. Der Bürger „verhält sich (…) auch bei Gemeinderatswahlen politischer, im Sinne der Parteipolitik"[65], konstatierte Wehling. Diese alle Ebenen durchdringende politische Kultur wird auch am Beispiel der Rolle der Freien Wählervereinigungen beleghaft.[66] Auch hierauf wird im Rahmen der Untersuchung zurück zu kommen sein.

Ferner sei an dieser Stelle darauf hingewiesen, dass landesweit mit „zunehmender Einwohnerzahl der Kommunen der Einfluss der Parteien wächst"[67]. Zahlreiche Autoren haben die Korrelation aus wachsender Einwohnerzahl und ansteigendem Anteil der Amtsinhaber mit Parteimitgliedschaft nachgewiesen.[68] Holzwarth erforscht gar, dass „in Städten über 30.000 Einwohner/innen Parteien

---

[62] Ein weiteres Indiz hierfür ist der Altersunterschied zwischen den Bürgermeistern beider Landesteile: In badischen Kommunen war das Durchschnittsalter 1984 höher als im württembergischen Landesteil. Dies kann mit der Tradition der Wahl von Exponenten örtlicher politischer Gruppierungen erklärt werden. Hierauf wird zurück zu kommen zu sein.

[63] a. a. O., S. 84.

[64] Ebd.

[65] a. a. O., S. 89.

[66] Wehling benennt hierzu die Ergebnisse der Kommunalwahl 1980, wonach der Stimmenteil der Freien Wählervereinigungen in den „badischen" Regierungsbezirken stets deutlich höher ist, als in den württembergischen. Er verweist aber auch hier auf die Abgrenzungsunschärfe (Stichwort homogene / heterogene Gebiete) und räumt deswegen dieser Feststellung nur tendenzielle Aussagekraft ein. Seine Vermutung wird aber im Jahr 2009 durch die Arbeit von Oliver Stortz bestätigt.

[67] Holzwarth (2016), S. 67.

[68] Vgl. u. a. Gehne/Holtkamp (2003), S. 123; Klein (2014), S. 143, Wehling (2000), S. 178 aber auch in Witt (2016b), S. 209 ff.

immer am Unterstützungsbündnis für Sieger/innen beteiligt sind“[69]. Deshalb wird zu analysieren sein, inwiefern diese Ordnungsgröße insb. das Forschungsergebnis zur parteipolitischen Teilaussage des Baden-Profils determiniert.

2.2.4 Das Baden-Profil als Ausdruck einer eigenen politischen Kultur Badens

Nach genauerer Betrachtung der Teilaussagen kann man ein Bedingungsgeflecht der einzelnen Elemente unter- und zueinander erkennen. Im Gesamtzusammenhang nimmt dabei die zuletzt benannte, parteipolitische Teilaussage eine zentrale Stellung in diesem Wirkungskomplex ein. So wählten die Bürger mutmaßlich nicht *wegen* der persönlichen Herkunft oder der fehlenden Verwaltungserfahrung einen Bewerber, sondern vielmehr *trotz* dieser Merkmale. Auch Biege gab bereits früh den Hinweis darauf, dass Bürgermeister „nicht wegen, sondern trotz ihrer Parteizugehörigkeit gewählt wurden“[70].

Gestützt wird dieses Gedankenkonstrukt von einer Aussage Wehlings in einer Publikation[71] wenige Jahre nach der viel zitierten Monographie. Darin vollzieht Wehling den Rückschluss (den er zuvor in der Monographie noch nicht tat), dass die viel stärkere politische Kultur in Baden „auch dazu führt, dass dort eher Nicht-Verwaltungsfachleute (...) aus der eigenen Gemeinde (via Partei) zum Bürgermeister gewählt werden“[72].

Der Verfasser versteht daher das Baden-Profil nicht allein als Hilfskonstrukt zur näherungsweisen Beschreibung eines vom

---

[69] Holzwarth (2016), S. 162, 169.

[70] Biege, Hans-Peter; Fabritius, G.; Siewert, Hans-Jörg; Wehling, Hans-Georg; Schiele, Siegfried (1978): Zwischen Persönlichkeitswahl und Parteientscheidung. Kommunales Wahlverhalten im Lichte einer Oberbürgermeisterwahl. Meisenheim: Hain (Sozialwissenschaftliche Studien zur Stadt- und Regionalpolitik, 11), S. 180.

[71] Schimanke, Dieter (1989): Stadtdirektor oder Bürgermeister. Beiträge zu einer aktuellen Kontroverse. Wiesbaden: VS Verlag für Sozialwissenschaften (Stadtforschung aktuell, 23).

[72] a. a. O., S. 88.

üblichen Ideal abweichenden Sozialprofils von Bürgermeistern, sondern viel mehr als Ausdruck einer eigenen politischen Kultur, die insb. im Moment der kommunalpolitischen Willensbildung – der Wahl des Schultes – beobachtbar zum Ausdruck kommt.

Im weitesten Sinne widmet sich daher diese Arbeit nicht bloß der Erforschung des Sozialprofils einiger hundert Amtsträger, als vielmehr auch der politologischen Frage, ob die politische Kultur in Baden fortwährend Bestand hat.

Wehling definierte den Begriff der politischen Kultur als „Glaubenssysteme, Wertvorstellungen, Einstellungen, Denkweisen sowie die Wissensvorräte, die Individuen als Mitglieder einer Gruppe teilen" und deren Verhalten „konditioniert, aber nicht determiniert"[73]. Diese stark verwurzelte, politische Kultur Badens, die sich eben nicht nur in der Bürgermeister-, sondern nach Wehling auch in der Kommunalwahl zeigt, macht den parteipolitischen Hintergrund zum herausgehobenen Leitmotiv, der im Rahmen der kommunalpolitischen Willensbildung auch die weiteren Merkmale (Teilaussagen) entsprechend bedingte.

Ob diese Einschätzung, auf Grundlage der bis zu dieser Stelle vertiefenden Auseinandersetzung mit Wehlings Baden-Profil, auch heute noch Bestand hat, wird zum Ende hin zu kommentieren sein. Hierauf wird entsprechend zurückgekommen.

2.3 Zeitgeschichtliche Entwicklung des Baden-Profils

Diese Thesis ist in erster Linie eine politikwissenschaftliche und keine historische Arbeit. Deshalb werden die nach Schäffler[74] zugrundeliegenden zeitgeschichtlichen Ausführungen in Kapitel 2.3.1

---

[73] Wehling, Hans-Georg (2004): Politische Kultur In: Michael Eilfort (Hg.): Parteien in Baden-Württemberg.
Stuttgart. S. 204.

[74] Siehe hierzu die zeitgenössische, staatsrechtliche Literatur wie: Schäffler, Albert (1866): Beiträge zu einer vergleichenden Darstellung der deutschen Gemeindeorganisation. In: Zeitschrift für die gesamte Staatswissenschaft 22, S. 17-86.

auf ein zum Verständnis der Gesamtthematik notwendiges Minimum reduziert. Dabei wird das Hauptaugenmerk auf die kausale, historische Entwicklung Badens gelenkt, die württembergische Geschichte ausklammernd, soweit es dem Gesamtverständnis dienlich ist.

Daran schließt eine zusammenfassende Darstellung der Diskussion des Baden-Profils in der Literatur nach seiner Postulierung 1984 bis zum heutigen Zeitpunkt.

2.3.1 Zeitgeschichtliche These zur Erklärung des Baden-Profils

Die in den vorgenannten Unterkapiteln detailliert beleuchteten Unterschiede im kommunalpolitischen Willensbildungsprozess zwischen Baden und Württemberg führt Wehling in seiner zeitgeschichtlichen These auf die ungleiche Entwicklung des Bürgermeisteramtes im 19. und 20. Jahrhundert zurück. Demnach war der Bürgermeister in Baden seitjeher der „Exponent der stärksten politischen Gruppierung am Ort, während man sich in Württemberg (...) den parteilosen Fachmann von außen holte“[75]. Oder anders ausgedrückt: Die Art und Weise, wie bzw. wen die Bürger in den jeweiligen Landesteilen wählen, ist tief in der politischen Kultur verwurzelt, wurde dies doch über Jahrzehnte praktiziert und über Generationen hinweg weitergegeben.

Drei Faktoren bemisst Wehling „bedeutenden Einfluss auf die Auswahl der Amtsinhaber“[76] und damit nachhaltigen Prägung der politischen Kultur zu:

Da wäre zum Ersten, dass seit der Zeit um die deutsche Revolution 1848/49 Bürgermeister in Baden grundsätzlich indirekt von der Gemeindevertretung gewählt wurden. Bis 1907[77] stach in diesem Zusammenhang auch die vergleichsweise kurze Amtsdauer

---

[75] Wehling/Siewert (1984), S. 84.

[76] a. a. O., S. 52.

[77] Danach wurde die Amtszeit in Württemberg auf 10 Jahre verkürzt.

der badischen Bürgermeister von nur 9 Jahren im Vergleich zum auf Lebenszeit bestellten Schultheiß in Württemberg hervor. Zweitens beschreibt Wehling die Selbstverwaltungsrechte der badischen Bürgermeister als „relativ beschränkt“, und drittens die Aufsicht des Staates als „sehr viel ausgeprägter als in Württemberg“.[78]

Im Gegensatz zu Württemberg war die badische kommunale Selbstverwaltung also historisch gesehen weniger stark ausgeprägt, mit weniger demokratischen Zügen und tendenziell unprofessioneller, d. h. weniger verwaltungsmäßig aber politischer im Sinne einer Parteipolitik.[79]

Als weiteren, vermeintlich „simplen Grund“ bezeichnete Wehling auch einen spezifischen Umstand in Baden, warum dessen Bürgermeister so häufig dem in Kapitel 2.2 genannten Kriterien entsprachen: „Baden kannte vor der Vereinigung mit Württemberg sehr viel mehr ehrenamtliche Bürgermeister“.[80] Auf die konkreten Auswirkungen dieses Aspekts wird noch innerhalb der rechtlichen Würdigung in Kapitel 2.4 zurück zu kommen sein.

Den ehrenamtlichen Bürgermeister in Baden umschrieb der Badische Verwaltungsgerichtshof einst als einen „Politiker mit ministerähnlicher Stellung“. Ihm war es darüber hinaus strengstens verboten – im Gegensatz zu Württemberg – die noch heute bekannte Funktion des Fachbeamten für Finanzwesen in Personalunion wahrzunehmen. Denn „[d]er badische Staat hielt an der strikten Trennung zwischen Politik und Verwaltung fest – auch auf kommunaler Ebene“, gab Wehling hierzu an, und das bis 1948.[81]

Diese systemimmanente „personelle Verwaltungsschwäche in Baden” mündete in „enge[r] Zusammenarbeit mit der staatlichen Aufsichtsbehörde [das Bezirksamt, ein Vorläufer des heutigen Landratsamtes; Anm. d. Verf.]“, weswegen auch die Bürger es zur Gewohnheit werden ließen, in diffizilen Sachverhalten direkt diese Aufsichtsbehörde aufzusuchen, „um sich dort von sachkundigen

---

[78] a. a. O., S. 51-52.
[79] Vgl. a. a. O., S. 53 im Umkehrschluss.
[80] a. a. O., S. 89.
[81] Ebd.

Kräften beraten zu lassen".[82] Umso deutlicher wird dieser grundlegende Mentalitätsunterschied in der Tatsache, dass in Baden „bis 1921 für das kommunale Verwaltungspersonal überhaupt keine fachliche Vorbildung vorgeschrieben" war und es auch keine Ausbildungsvorschriften für das „Rückgrat der Verwaltung" – den badischen Ratsschreiber – gab.[83]

Um die suboptimale (bei zeitgleichem Blick gen Württemberg) Verwaltungs-tradition Badens vollständig zu begreifen, sei ein kurzer Exkurs erlaubt. Wehling fasst hierzu zusammen: „Wegen des größeren Spielraums der kommunalen Selbstverwaltung, wegen des naheliegenden Zusammenfalls von politischer Spitze und besoldetem Verwaltungsamt und wegen seiner Volkswahl mit langer – ursprünglich lebenslanger – Amtszeit ist der Bürgermeister in Württemberg bedeutend mächtiger als in Baden". Das wiederum bewegt die Bürger dazu, Bewerber zu wählen, die „fachlich hoch qualifiziert" sind und als Externe „nicht in die Parteiungen, persönlichen und familiären Rivalitäten (...) verwickelt sind".[84]

Weil all dies nicht auf Baden zutrifft, „kann man es sich hier leisten, das Amt des Bürgermeisters betont politisch zu besetzen"[85]. Diese Ämterpatronage wird letztlich besonders von der jeweils stärksten (partei-)politischen Gruppierung vor Ort beansprucht und auch praktiziert.

Ein weiterer Aspekt in Bezug auf die enge Parteiorientierung liegt in der „Konfliktlinie katholische Kirche versus liberal-protestantischer Staat", denn „in Baden stießen diese beiden Prinzipien fast unversöhnlich aufeinander"[86]. Im Ergebnis äußerte sich auch dieser Kulturkampf offen im Wählerverhalten, in dem zunächst die Katholische Volkspartei, später das Zentrum und letztlich die CDU überdurchschnittlich viel Zuspruch erhielten.[87] Diesen komplexen

---

[82] a. a. O., S. 54.
[83] a. a. O., S. 57.
[84] a. a. O., S. 58.
[85] Ebd.
[86] Weber, Reinhold; Wehling, Hans-Georg (2006): Baden-Württemberg. Gesellschaft, Geschichte, Politik. Stuttgart: W. Kohlhammer, S. 59.
[87] Vgl. a. a. O., S. 59ff. und weiter auch in Wehling (2012), S. 73-74.

Konfliktherd an dieser Stelle nur kursorisch behandelnd, wird hierauf, bei der Analyse möglicher Determinanten zur Mitgliedschaft oder der Nähe zu politischen Parteien, zurückzukommen sein.

Diese diametrale Entwicklung beider Landesteile, zumindest hinsichtlich der rechtlich normierten Verwaltungstradition, fand erst in der Verabschiedung der gemeinsamen GemO im Jahr 1955 ihr Ende. Damit wurden aus rechtlicher Sicht die Weichen nach württembergischem Ideal gestellt. Die politische Kultur in Baden indes, vollzog diesen Wandel natürlich nicht ohne weiteres, was die Entwicklung des Baden-Profils in den 1980er Jahren eindrucksvoll dokumentierte.[88]

Mehr noch, sah Wehling eben sich jene „eigene badische regionale politische Kultur herausbilden, die bis heute [gemeint ist das Jahr 1984; Anm. d. Verf.] noch in der Kommunalpolitik nachwirkt"[89]. Als Beispiel führt er hierzu seine Beobachtungen zu Konfliktsituationen im Gemeinderat an. Diese werden seines Erachtens häufiger von der jeweiligen, politischen Gegenseite im Verhältnis zur Couleur des Bürgermeisters gesucht. Eine Analogie findet sich auch bei Betrachtung der Bundesländer, die seit den 1990er Jahren schrittweise ihre Kommunalverfassungen nach norddeutschen Prinzip in die Süddeutsche Ratsverfassung überführten.[90] Auch hier stellte Wehling stringent fest, dass Unterschiede in der Kommunalverfassung Unterschiede in der Kommunalpolitik bedingen, „beispielsweise was die Auswahl von Bürgermeistern"[91] anbetrifft.

[88] Wehling/Siewert (1984): S. 59.

[89] a. a. O., S. 90.

[90] Vgl. Wehling, Hans-Georg (2006): Unterschiedliche Verfassungsmodelle. In: Informationen zur politischen Bildung „Kommunalpolitik" der Bundezentrale für politische Bildung Nr. 242/2006, S. 28-45.

[91] a. a. O., S. 39.

2.3.2 Entwicklung / Diskussion des Baden-Profils in der Literatur bis 2018

Die der arrivierten Monographie Wehlings zugrundeliegende Studie erfolgte in Kooperation mit dem Gemeindetag Baden-Württemberg und dem Verband Baden-Württembergischer Bürgermeister.[92]

Als eine „Anknüpfung“[93] dieser Erhebung bezeichnete sich selbst eine Untersuchung der Vereinigung Baden-Württembergischer Bürgermeister aus den Jahren 1993-1995. In der daraus resultierenden Publikation von Norbert Roth mit Titel „Position und Situation der Bürgermeister in Baden-Württemberg“ wirkte auch Wehling selbst mit. In diesem Zeitraum befragte der Verband rund 180 seiner Mitglieder, unter anderem zur politischen Unterstützung im Wahlkampf, zum vorherigen Beruf und etwaiger, einschlägiger Verwaltungserfahrung. Bedauerlicherweise werden die hierzu eruierten Daten weder vor dem Hintergrund des Baden-Profils bewertet, noch kann man die publizierten Datensätze selbst unter Zuhilfenahme der unter Kapitel 2.1 vorgenommenen Abgrenzung selbst auswerten und interpretieren.[94] Erwähnenswert ist jedoch Bäuerles empirische Untersuchung[95], die ebenfalls Teil des Sammelwerks ist. Er bezieht sich auf eine eigene Befragung aus dem Jahr 1992, bei der nach eigenem Bekunden etwa zwei Drittel aller Amtsinhaber in Baden-Württemberg mitgewirkt haben.[96] Hierbei bestätigte er die (württembergischen) Ideale der Ortsfremde (78 %) und der Verwaltungskompetenz (89 %) unter den Amtsinhabern im gesamten Bundesland.

---

[92] Vgl. Wehling/Siewert (1984), S. 11, 16.

[93] Roth, Nobert (Hg.) (1998): Position und Situation der Bürgermeister in Baden-Württemberg. Stuttgart: Kohlhammer, S.113.

[94] a. a. O., S. 112-139.

[95] Bäuerle, Siegfried (1998): Bürgermeister. Zur Charakteristik einer interessanten Berufsgruppe. Eine empirische Untersuchung. In: Roth, Nobert (Hg.): Position und Situation der Bürgermeister in Baden-Württemberg. Stuttgart: Kohlhammer, S. 61-100.

[96] a. a. O., S. 61, Fußnote 2.

Knapp 50 Jahre nach der Gründung des Südweststaats beobachtet Wehling in einem Sammelwerk der Landeszentrale für politische Bildung[97] in Baden fortwährend zwar eine „ganz andere Auffassung vom Bürgermeisteramt“[98], sieht aber deutliche „Angleichungstendenzen (…) in Richtung auf die württembergische Tradition“, denn diese hat sich seines Erachtens „als eindeutig stärker erwiesen“, wobei er manche einheimische Wahlsiege weiterhin mit dem Baden-Profil erklärt.[99]

Wenig überraschend liest sich daher Wehlings Beitrag in einem Kompendium zur Kommunalpolitik in deutschen Ländern aus dem Jahr 2003[100]. Das Sozialprofil von Bürgermeistern nach württembergischem Ideal beschreibend, lässt er recht prosaisch und kurz zu der Ausnahme in Baden einfließen: „Das vermag zu der Veranlassung führen, von einem „Baden-Profil“ zu sprechen“[101].

Gehne und Holtkamp untersuchten in ihrer Bürgermeisterbefragung[102] im Jahre 2003 alle Oberbürgermeister in Baden-Württemberg (n=94; Rücklauf: 70,2 %)[103]. In dieser Stichprobe fanden sich nur n=28 (korrekt zugeordnete) badische Städte.

---

[97] Pfizer, Theodor; Wehling, Hans-Georg (Hg.) (2000): Kommunalpolitik in Baden-Württemberg. 3. Auflage. Stuttgart, Berlin, Köln: Kohlhammer (Schriften zur politischen Landeskunde Baden-Württembergs, Bd. 11).

[98] Wehling, Hans-Georg (2000): Bürgermeister. Rechtsstellung, Sozialprofil, Funktionen. In: Pfizer, Theodor; Wehling, Hans-Georg (Hg.): Kommunalpolitik in Baden-Württemberg. 3. Auflage, Stuttgart, Berlin, Köln: Kohlhammer (Schriften zur politischen Landeskunde Baden-Württembergs, Bd. 11), S. 180.

[99] a. a. O., S. 181.

[100] Kost, Andreas; Wehling, Hans-Georg (2003): Kommunalpolitik in den deutschen Ländern. Eine Einführung. Wiesbaden: VS Verlag für Sozialwissenschaften.

[101] Wehling, Hans-Georg (2003): Kommunalpolitik in Baden-Württemberg in: Kost, Andreas; Wehling, Hans-Georg (2003): Kommunalpolitik in den deutschen Ländern. Eine Einführung. Wiesbaden, VS Verlag für Sozialwissenschaften, S. 28.

[102] Gehne/Holtkamp (2005), S. 87-142.

[103] a. a. O., S. 87.

Herkunft	Gehne/Holtkamp (2003)		Wehling/Siewert (1984)	
	Baden	Württemberg	Baden	Württemberg
jetziger Amtsort	21,4 %	18,9 %	38,3 %	5,0 %
Baden-Württemberg	60,7 %	59,5 %	57,4 %	88,7 %
anderes Bundesland	17,9 %	21,6 %	4,3 %	6,3 %
Gesamt	**100 %**	**100 %**	**100 %**	**100 %**

Tabelle 8: Gegenüberstellung der regionalen Herkunft der Bürgermeister in Anlehnung an Gehne/Holtkamp und Wehling/Siewert nach Landesteilen (Quelle: Gehne/Holtkamp (2005), S. 129, Abbildung 54; Wehling/Siewert (1984), S. 86 ff.).

Die Akzentuierung entspricht zwar weiterhin Wehlings Ergebnis, Gehne und Holtkamp selbst bezeichnen aber die in Bezug auf die regionale Herkunft eruierten Ergebnisse (Tabelle 8) als „marginal“[104]. Auch bei dem beruflichen Hintergrund „bestätigen sich die Ergebnisse von Wehling/Siewert nicht“, Gehne und Holtkamp fanden „keine Anhaltspunkte [in Bezug auf Herkunft und beruflichem Hintergrund; Anm. d. Verf.] für die Wirkung einer regionalspezifischen Kultur in den beiden Landesteilen“[105]: Mit 25,1 % der Befragten in Baden, bzw. 24,3 % derer in Württemberg, liegt der Grad der Amtsinhaber ohne Verwaltungserfahrung in Städten über 20.000 Einwohnern auf einem Niveau.[106]

Ein anderes Bild ergibt sich nach Gehne und Holtkamp hinsichtlich der Parteigebundenheit: Hier liegt der Anteil im Badischen „mit 92,9 % deutlich über dem in Württemberg mit 70,3 %“[107]. Zusammenfassend kann die Studie 2003 daher einzig die

[104] a. a. O., S. 129.
[105] Ebd.
[106] Vgl. Gehne/Holtkamp (2005), S. 130, Abbildung 55.
[107] a. a. O., S. 130.

Teilaussage bzgl. der stärkeren Parteiorientierung in Baden bestätigen.

In unmittelbarem, zeitlichem Umfeld dieser Erhebung fand auch eine landesweite Bürgermeisterbefragung in allen Einwohnergrößen durch Gerold Wißkirchen[108] statt, laut derer nur noch 13 % der landesweit tätigen Bürgermeister auch in ihrem Amtsort aufwuchsen. Wißkirchen erforschte unter 604 teilnehmenden Bürgermeistern auch, dass „die Distanz zu den politischen Parteien eher zugenommen hat“[109], was wiederum Gehne und Holtkamp dazu veranlasste, ihre überdurchschnittlich „höhere Parteimitgliedschaftsquote [in ihrer Untersuchung] (…) auf die Gemeindegröße [ihrer] Untersuchung zurückzuführen“[110] Weiter fand Wißkirchen ähnliche Befunde hinsichtlich des Unterschieds zwischen den Landesteilen.[111]

Keinen Unterschied konstatierte wiederum Michael Zerr in seiner ebenfalls 2005 veröffentlichen Dissertation zu Bürgermeistern im Kreistag. Demnach „wirkt sich (…) [das Baden-Profil] auf den Einfluss der Bürgermeister in den Kreistagen nicht in signifikanter Weise aus“. Die Aussagekraft Wehlings Modells hat demnach nur im städtischen bzw. gemeindlichen Kontext Gültigkeit, schon auf Kreisebene ist der Einfluss „von dem jeweils spezifischen Profil der Bürgermeister in Baden und Württemberg unabhängig“.[112]

In einem 2006 erschienenen Aufsatz in einer Publikation der Bundeszentrale für politische Bildung kommt Wehling unter Rückgriff der grundsätzlichen Argumentationskette des Baden-Profils (siehe Kapitel 2.3.1) auf die unterschiedlichen Kommunalverfassungstypen und die Auswirkungen auf das Wahlverhalten zu sprechen. Das Baden-Profil wird seinerseits hierbei gar nicht mehr bemüht, viel mehr

---

[108] Wißkirchen, Gerold (2001): Bürgermeister in Baden-Württemberg – Versuch einer Typologisierung. Stuttgart. Unveröffentlichte Magisterarbeit.

[109] a. a. O., S. 65.

[110] Gehne/Holtkamp (2005), S. 123.

[111] Vgl. Wißkirchen (2001), S. 61.

[112] Zerr, Michael (2005): Bürgermeister im Kreistag. Empirische Untersuchung am Beispiel Baden-Württemberg. Zugl.: Tübingen, Universität, Dissertation, 2005. 1. Auflage Baden-Baden: Nomos (Kommunalrecht - Kommunalverwaltung, 47), S. 19.

gibt er an: die „dargestellten Muster für die (Aus-)Wahl von Bürgermeistern (...) haben sich in Baden-Württemberg über Jahrzehnte hinweg als erstaunlich konstant erwiesen“[113].

An dieser Stelle gewinnt man den Eindruck, als wolle Wehling selbst nicht an den über zwei Jahrzehnte zuvor formulierten Aussagen zum Baden-Profil ohne bekräftigendes Datenmaterial festhalten. Ein Vorwort in einer weiteren, 2007 erschienenen, maßgeblich die Forschung prägenden Publikation, bestätigt diese Vermutung. Darin verlautbart Wehling in seinem Vorwort: „Mit Erstaunen (...), konnte ich feststellen, dass die Ergebnisse der Studie [gemeint ist die Totalerhebung der 1980er Jahre; Anm. d. Verf.] nach wie vor gültig sind“[114]. Gleichzeitig stellt diese Veröffentlichung auch eine Renaissance des Baden-Profils dar. Mit der Dissertation von Timm Kern liefert selbiger einschlägiges, wissenschaftliches Datenmaterial, dass das Baden-Profil zumindest soweit stützt, dass es dessen Erforscher dazu veranlasst, es künftig wieder häufiger im wissenschaftlichen Diskurs einzubringen.

Im Detail ergab seine Auswertung, dass 78 %[115] – und damit exakt der Wert aus Bäuerles Erhebung 1992[116] – der siegreichen Herausforderer zuvor in einer anderen Gemeinde lebten. Bei beiden Zahlen handelt es sich um Angaben, die sich auf das gesamte Bundesland beziehen. Kern ging jedoch weiter und untersuchte die übrigen 21 % vor dem Gesichtspunkt des Baden-Profils des leitenden Oberthemas der Abwahlen[117] – also dem Umstand, dass ein wieder zur Wahl stehender Amtsinhaber nicht wiedergewählt wird.

---

[113] Wehling (2006), S. 39.

[114] Wehling, Hans-Georg (2007a): Zum wissenschaftlichen und politischen Stellenwert der Studie über Abwahlen in: Kern, Timm: Warum werden Bürgermeister abgewählt? Eine Studie aus Baden-Württemberg über den Zeitraum von 1973 bis 2003. 2. Auflage Stuttgart: Kohlhammer, S. 8.

[115] Vgl. Kern, Timm (2007): Warum werden Bürgermeister abgewählt? Eine Studie aus Baden-Württemberg über den Zeitraum von 1973 bis 2003. 2. Auflage Stuttgart: Kohlhammer, S. 172.

[116] Bäuerle (1998), S. 61.

[117] Kern (2007), S. 18.

Unter den n=163 untersuchten Abwahlfällen, fanden sich n=35 Konstellationen (21 %), in dem der Amtsinhaber durch einen Einheimischen ersetzt wurde. Er zieht behelfsmäßig den Grenzverlauf zwischen Baden und Württemberg mit Hilfe der Regierungspräsidien Karlsruhe und Freiburg einerseits, Stuttgart und Tübingen anderseits.[118]

Aus Abbildung 5 geht hervor, dass der Schwerpunkt von 70 % der Konstellationen, in denen ein Einheimischer den Amtsinhaber besiegt und neuer Bürgermeister wird, in den fortwährend weitestgehend badisch zu bezeichnenden Regierungsbezirken Karlsruhe und Freiburg im Zeitraum zwischen 1973 und 2003 zu beobachten war.

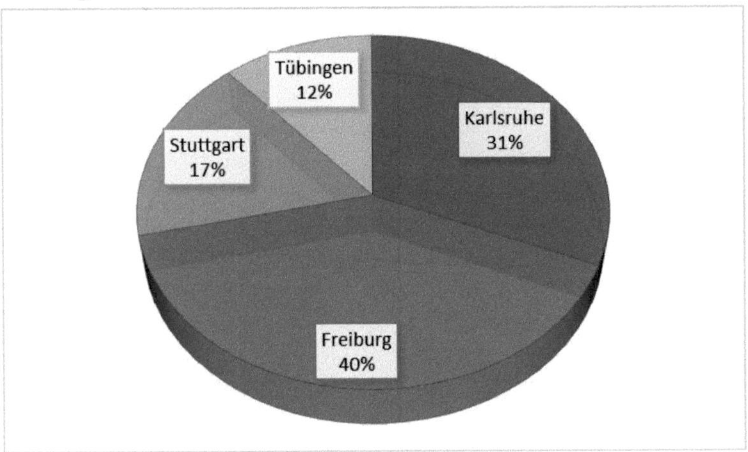

Abbildung 5: *Das Baden-Profil bei Abwahlen in Anlehnung an Kern; Einheimische Sieger in n=35 Fällen zwischen 1973 und 2003 sortiert nach Häufigkeit im jeweiligen Regierungsbezirk (Quelle: Kern (2007), S. 174).*

[118] Da diese Angabe letztlich nur der Dokumentation des Baden-Profils in seiner Entwicklung dient, und Kerns Erhebung sich nur den Abwahlfällen annimmt (und daher im Weiteren vergleichsweise nicht herangezogen werden kann) hat der Verfasser von einer weiteren, schärferen Abgrenzung und Modulierung dieser und den auf dieser Grundlage folgenden Zahlen im Sinne des historischen Badens abgesehen.

Kern betrachtet dies als Nachweis der Teilaussage des Baden-Profils zur lokalen Herkunft des Amtsinhabers.[119]

Ferner untersuchte Kern die o. g. Menge n=35, ob diese einheimischen Wahlsieger, zuvor ein örtliches, kommunalpolitisches Amt innehatten.

Kommunalpolit. Engagement	**Ja**	**Nein**	**Summe**
Regierungsbezirk Karlsruhe	**7** (20,0 %)	**4** (11,4 %)	**11** (31,4 %)
Regierungsbezirk Freiburg	**11** (31,4 %)	**3** (8,6 %)	**14** (40,0 %)
Regierungsbezirk Stuttgart	1 (2,9 %)	5 (14,3 %)	6 (17,1 %)
Regierungsbezirk Tübingen	1 (2,9 %)	3 (8,6 %)	4 (11,4 %)
Summe	**20 (57,1 %)**	**15 (42,9 %)**	**35 (100 %)**

Tabelle 9: Herkunft der einheimischen Sieger in Anlehnung an Kern bei Abwahlfällen zwischen 1973 und 2003 (Quelle: Kern (2007), S. 175).

Tabelle 9 gibt Aufschluss darüber, dass in 18 von 20 Fällen (90 %) dieses Merkmal in den mehrheitlich badisch geprägten Regierungsbezirken vorzufinden ist.

Darüber hinaus fand Kern Belege für die weiteren Konkretisierungen Wehlings zur (partei-)politischen Teilaussage des Baden-Profils bzgl. der bedeutsamen Funktion und der Tatsache, dass derjenige ein Repräsentant der stärksten politischen Gruppierung vor Ort ist.[120]

Kern sah in diesen Ergebnissen eine „eindrucksvolle Bestätigung des so genannten Baden-Profils“[121]. Oberflächlich betrachtet mag

---

[119] Vgl. Kern (2007), S. 174.
[120] Vgl. a. a. O., S. 176-178.
[121] a. a. O., S. 175.

man dazu verleitet sein, diese eloquent beschriebene Auffassung zu teilen, argusäugig soll jedoch einschränkend festhalten werden, dass die Teilmenge der von ihm untersuchten Sozialprofile vergleichsweise marginal ist. So liegt seinen Zahlen eine – hinsichtlich der Akribie in qualitativer Sicht beeindruckende – Menge von 163 zugrunde, währenddessen er selbst davon ausgeht, dass es in seinem Beobachtungszeitraum „ungefähr 4300 Bürgermeisterwahlen stattgefunden“[122] haben müssen. Somit sind die untersuchten Sozialprofile in quantitativer Sicht bedauerlicherweise nur ein Bruchteil im Verhältnis zur eigentlichen Gesamtmenge.

Zeitgleich führte Egner in den wissenschaftlichen Diskurs eine landesweite Erhebung ein, wonach ihm gegenüber in seiner Studie jeder Fünfte (20 %) Schultheiß einer Kommune über 10.000 Einwohnern erklärte, im Amtsort geboren zu sein, 17 % sind in der Gemeinde oder Stadt aufgewachsen.[123]

Eine mittelbare Bestätigung des Baden-Profils findet sich auch in der 2009 erschienenen Veröffentlichung von Oliver Stortz[124], die die besonderen Merkmale und Strategien der Freien Wähler untersucht. Dabei stellt Stortz fest, dass die Freien Wähler - ihres Zeichens eine unparteiliche Wahlalternative v. a. auf kommunaler Ebene - in den unscharf[125] abgrenzten badischen Kommunen bis 25.000 Einwohnern nach der Kommunalwahl 2004 weniger erfolgreicher als in Württemberg waren, „erst darüber sind keine signifikanten Unterschiede mehr erkennbar“. Daraus schlussfolgert Stortz: „Der geringere Erfolg in den badischen Gemeinden stützt die These vom sogenannten Baden-Profil“[126].

Alexandra Klein ließ die Ergebnisse ihrer Promotion aus dem Jahre 2011 drei Jahre später in einer Veröffentlichung mit dem Titel

---

[122] a. a. O., S. 94.

[123] Egner (2007), S. 134f.

[124] Stortz, Oliver (2009): Das Prinzip der besten Köpfe. Die Freien Wähler in Baden-Württemberg; eine landespolitische Perspektive. (Veröffentlichte Magisterarbeit an der Universität Tübingen) 1. Auflage Norderstedt: Books on Demand.

[125] Auch Stortz bedient sich der schon unter Kern bekannten Definition der Gesamtheit der Regierungsbezirke Karlsruhe und Freiburg als „Baden“.

[126] Stortz (2009), S. 61.

„Bürgermeisterwahlen in Baden-Württemberg; Wahlbeteiligung, Wahltypen und Sozialprofil" münden, in der sie alle Bürgermeisterwahlen im Zeitraum von 1990 bis 2009 untersuchte. Dabei war sie sich den unterschiedlichen regionalen, politischen Kulturen bewusst, da die „Aufteilung in die Regierungsbezirke (...) die ehemalige Aufteilung [in Baden und Württemberg; Anm. d. Verf.] nur unzureichend wieder[gibt]"[127]. Diese Unschärfe billigend in Kauf nehmend, erklärte sie dennoch, dass „diese Unterteilung in der vorliegenden Analyse als Unterscheidung zwischen Baden und Württemberg genutzt [wird]"[128]. Diese Herangehensweise ist bedauerlich, denn eine scharfe, historisch korrekte Abgrenzung hätte, aufgrund der quantitativen und qualitativen Güte ihrer Untersuchung, die hier vorliegende Ausarbeitung obsolet machen können.

Zum Baden-Profil stellt sie zunächst heraus, dass Bürgermeister in Baden ihr Amt mit 39 Jahren antraten, zwei Jahre älter als ihre Pendants in Württemberg.[129] Damit bestätigt sie mittelbar die Teilaussage Wehlings zur Parteinähe badischer Bürgermeister, die als Exponenten örtlicher politischer Gruppierungen schon in den 80er-Jahren älter als ihre Amtskollegen im Württembergischen waren.[130] Dies wird weiter bekräftigt durch nachfolgende Aufschlüsselung (Abbildung 6) der Parteizugehörigkeit der Schultes im Land nach Klein:

[127] Klein (2014), S. 122.

[128] Ebd.

[129] a. a. O., S. 174.

[130] a. a. O., S. 176.

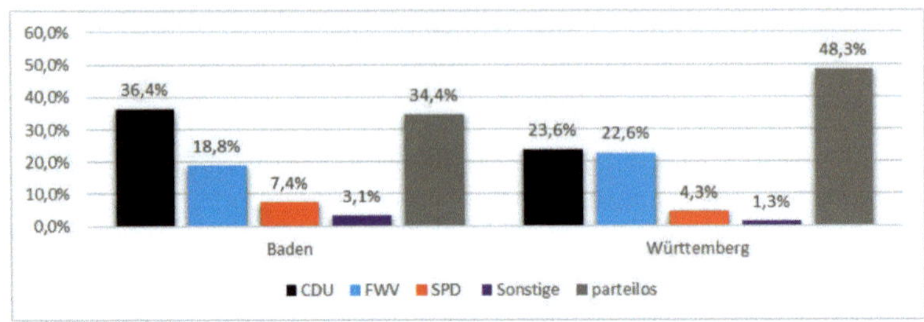

Abbildung 6: *Zugehörigkeit der n=1.149 zwischen 2002 und 2009 gewählten Bürgermeister in Baden und Württemberg zu einer Partei oder zu einer Wählervereinigung in Anlehnung an Klein. Unter „Sonstige" subsumierte Klein Mitgliedschaften in der FDP, den Grünen, der ÖDP und lokalen Listen, was in 21 Fällen in Württemberg und in 15 Fällen in Baden zutraf. (Quelle: Klein (2014), Abbildung 17, S. 175).*

Der Altersunterschied ist nicht auf einen Größeneffekt zurückzuführen, eine unverhältnismäßig große Erhebungsmenge unter Städten konnte Klein ausschließen.[131]

In Anbetracht der ausgeprägten parteipolitischen Bindung badischer Bürgermeister ist weiter nicht überraschend, dass 59 % der Schultes in Baden auch ein Kreistagsmandat innehaben. In Württemberg sind es derer nur 47 %.[132] Dass es sich hierbei nicht allein um ein Phänomen am Beispiel der Bürgermeister handelt, sondern um den Nachweis einer politischen Kultur, sieht Klein durch die entsprechenden Forschungsergebnisse zu der parteipolitischen Prägung in den Gemeinderatsgremien bestätigt.[133] Letztlich spiegelt sich dieser stärkere Grad der Politisierung auch in der Wahlbeteiligung wieder: „Im badischen Landesteil ist die Wahlbeteiligung in Gemeinden [der Größenordnung 3.000 bis 20.000 Einwohner; Anm. d. Verf.] um bis zu 5 Prozentpunkte höher als im württembergischen Teil"[134] stellt Klein hierzu ergänzend fest. Auffällig – und nach Auffassung Kleins auch Beleg für den unterschiedlichen Grad der

[131] Ebd.

[132] Ebd.

[133] a. a. O., S. 177-179.

[134] a. a. O., S. 181.

Parteipolitisierung – ist der Umstand, dass von den 15 Kommunen, in denen alle Gemeinderatsmandate an Listen etablierter, politischer Partien vergeben sind, ausschließlich in Baden liegen.[135]

Zusammenfassend sieht Klein das Sozialprofil nach Wehling grundsätzlich bestätigt, die Unterschiede zwischen Baden und Württemberg nur hinsichtlich der der Teilaussagen der Parteinähe und der Verwaltungsferne untermauert.[136] Eine Aussage zur regionalen Herkunft der Amtsinhaber konnte Klein nicht liefern.

In einer Veröffentlichung des Jahres 2012 bringt Wehling wenig frappierend unter Verweis auf die bekräftigenden Ergebnisse, insb. beider vorgenannten Studien von Kern und Klein[137], das Baden-Profil wieder in den wissenschaftlichen Diskurs ein.[138] Er sieht eine Parallele im Abbild unterschiedlicher Parteipolitisierung in den Gemeinderäten des Landes. Denn in fast 40 % der kommunalen Gremien in den beiden vornehmlich württembergisch geprägten Regierungsbezirken sind keine politischen Parteien vertreten. Auf badischer Seite liegt dieser Wert bei nur 20 %. „Erstaunlich" bezeichnete selbst Wehling im Jahre 2012, „die Konstanz dieser unterschiedlichen Muster"[139].

So konstant, dass die Aussagekraft des Baden-Profils auch bei den Parteien selbst (zumindest teilweise) registriert und benannt wird. So z. B. in einem Interview des Wahlkampfberaters Abberger mit den vier Landesvorsitzenden der im Landtag im Jahr 2012 vertretenen Parteien zu finden: Hier verwies der damalige GRÜNEN-Landeschef Chris Kühn bei der Frage „Kandidiert es sich mit einem Parteibuch leichter oder schwerer?" auf „historisch gewachsene Unterschiede

---

[135] a. a. O., S. 146.

[136] a. a. O., S. 214. An dieser Stelle sei noch einmal unterstrichen, dass auch Kleins Erhebung die Unschärfe nach Kapitel 2.1.2 zugrunde liegt.

[137] Die Promotion von Alexandra Klein wurde 2011 abgeschlossen. Prof. Dr. Hans-Georg Wehling trat als Doktorvater auf und konnte deshalb zwei Jahre vor der Veröffentlichung der Ergebnisse Kleins diese in seine eigenen Ausführungen einfließen lassen.

[138] Vgl. Wehling, Hans-Georg (2012): Bürgermeister. In: Remmert, Barbara; Wehling, Hans-Georg (Hg.) (2012): Die Zukunft der kommunalen Selbstverwaltung. Stuttgart: Kohlhammer (Schriften zur politischen Landeskunde Baden-Württembergs, 39), S. 72-73.

[139] a. a. O., S. 73.

zwischen den badischen und württembergischen Landesteilen“[140]. Eine vertiefende Diskussion dessen stellte sich jedoch nicht ein.

Eine sehr repräsentative und umfangreiche Bürgermeisterbefragung fand 2015 durch Vinzenz Huzel statt. Die hierfür zugrundeliegende „Fragen wurde[n] aus dem Fragebogen der vor gut 30 Jahren erschienenen Studie [Wehlings; Anm. d. Verf.] übernommen“[141]. Wenngleich in Ansatz und Umfang diese Studie am ehesten der Wehlings ähnelt, erfolgt auch in dieser Studie die Definition Badens aus der Analogie der Regierungsbezirke Karlsruhe und Freiburg.[142] Die Aussagen der Studie beziehen sich fast ausschließlich – wie die Wehlings auch – auf die Gesamtmenge Baden-Württembergs, weswegen im Folgenden die Ergebnisse der Studien einzig in Bezug auf die Teilaussagen des Baden-Profils dargestellt werden:

Hinsichtlich der persönlichen Herkunft, insb. des Umstands im Amtsort selbst aufgewachsen zu sein, konnte Huzel eine Verringerung um 2,4 % auf 15,4 % feststellen, bei annähernd identischem Rücklauf (jeweils die Hälfte der Befragten nahmen an der Studie teil). Ähnlich rückläufig war der Befund bzgl. des parteipolitischen Engagements der Amtsinhaber: Während Wehling noch eine Pattsituation zwischen parteilosen, bzw. Mitgliedern der Freien Wählern und Parteimitgliedern konstatierte, verringerte sich der Anteil der Bürgermeister mit parteipolitischen Profil in Huzels Untersuchung um 6,1 % auf nur noch 43,1 %.[143]

Konkrete Befunde zum beruflichen Hintergrund und zur (ggf. fehlenden) Verwaltungserfahrung konnten zum Zeitpunkt dieser Arbeit der Studie noch nicht entnommen werden.[144] Wenngleich das

---

[140] Abberger (2013), S. 246.

[141] Huzel, Vinzenz (2016): Bürgermeisterbefragung 2015, Hochschule für öffentliche Verwaltung Kehl, (Unveröffentlichte Dissertation bei Prof. Dr. Hubert Heinelt und PD Dr. Björn Egner, TU Darmstadt, Stand: 2016), S. 5.

[142] Vgl. a. a. O., S. 7.

[143] a. a. O., Tabelle 101, S. 51.

[144] Im persönlichen Austausch des Verfassers mit Huzel führt dieser das auf technische Probleme in der Auswertung zurück. Huzel gab hierzu an, dass das Forschungsergebnis

Delta der anteiligen Veränderung gering ist, kann doch zumindest konstatiert werden, dass eine einheitliche Tendenz zu erkennen ist. Diese Tendenz nähert sich dabei weiter dem Extrem nach württembergischem Ideal an. Die dem Forschungsergebnis zugrundeliegenden Datensätze durch Huzel sind ferner für das Baden-Profil deshalb relevant und hier konkret ausgeführt, weil 239 der 531 Teilnehmer aus Kommunen der „badischen" Regierungsbezirke stammten.[145]

Letztlich sei noch auf die 2016 veröffentlichte Dissertation[146] von Erich Holzwarth hingewiesen. Die ihr zugrundeliegende Studie untersuchte im Zeitraum von 2003-2006 44 Oberbürgermeisterwahlen hinsichtlich der Erfolgsfaktoren der Wahlsieger.[147]

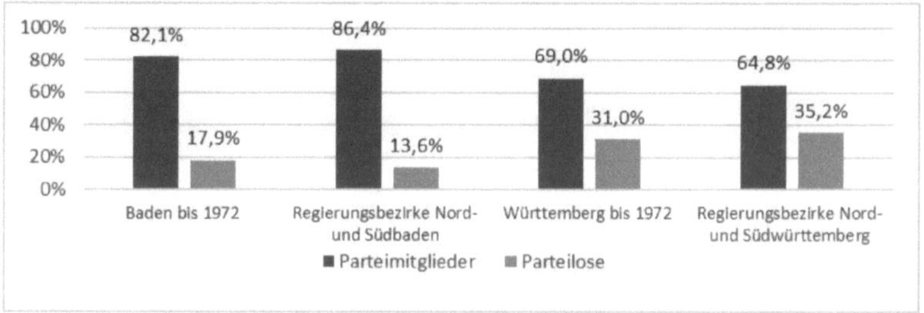

Abbildung 7: *Politische Bindung der Oberbürgermeister in Baden-Württemberg, Stand Dezember 2007. n= 97 (nach Landesteilen) bzw. n=98 nach Verwaltungsgliederung inkl. Villingen-Schwenningen in Anlehnung an Holzwarth. (Quelle: Holzwarth (2016), S. 167 Tabelle 51.)*

Damit steuerte Holzwarth wertvolle Erkenntnisse zu den Gegebenheiten in Städten ab 20.000 Einwohnern bei, da in Untersuchungen – wie er zutreffend festhält – in denen „alle Gemeindegrößen in Analysen einbezogen sind, (...) die Wahlen in

---

in diesem Bereich nach seinen subjektiven Wahrnehmungen eine ähnliche Entwicklung nehme, wie bei den Merkmalen der Parteizugehörigkeit und der Herkunft.

[145] a. a. O., S. 7.

[146] Holzwarth, Erich (2016): Erfolgsfaktoren für Oberbürgermeisterwahlen. Dissertation an der Universität Stuttgart. Norderstedt: Books on Demand.

[147] a. a. O., S. 14, 15.

kleinen Gemeinden die Ergebnisse [prägen], da sie zahlenmäßig weit überwiegen“[148]. Über seine 44 untersuchten Wahlen hinaus, macht er Angaben zur politischen Bindung aller knapp hundert Oberbürgermeister, einerseits nach historischen Landesteilen andererseits in der Verwaltungsgliederung nach Regierungsbezirken.

Diese Visualisierung fördert zwei Erkenntnisse zu Tage: Zum einen, dass die gewählte prozentuale Darstellung in Abbildung7 die in absoluten Zahlen vorhandene Abweichungen zwischen der Auflistung nach historischen Landesteilen bzw. nach Verwaltungsgliederung verschleiert: Während sich das Verhältnis zwischen Parteimitgliedern und Parteilosen in der Darstellung des historischen Badens in absoluten Zahlen 32:7 verhält, weist die Gliederung nach RP-Verwaltungseinheiten ein Verhältnis von 38:6 aus, zum selben Beobachtungszeitpunkt und -ort! Dies bestätigt an dieser Stelle neuerlich den vom Autor unter Kapitel 2.1.2 benannten Rückschluss, dass eine Kategorisierung nach Verwaltungseinheiten einen hohen Zuordnungsfehler provoziert.

Zum anderen muss konstatiert werden: „Der Anteil parteigebundener Oberbürgermeister/innen ist in Baden also größer als in Württemberg“[149] schlussfolgert auch Holzwarth und bestätigt damit die parteipolitische Teilaussage des Baden-Profils. Der Anteil der Parteilosen beträgt in Württemberg „zweieinhalb Mal so viel wie in Baden“[150]

Diese Tendenz wird auch durch die Ergebnisse seines eigentlichen Untersuchungsgegenstands, den Oberbürgermeisterwahlen von 2003-2006, gestützt. Hierzu hält er fest, dass „genau drei Mal so viele Parteilose in (ehemals) Württemberg im Vergleich zu Baden“[151] gewählt wurden. Auch die Rolle der CDU sieht Holzwarth mit seinem Untersuchungsergebnis im vornehmlich katholisch-ländlichem Baden bestätigt, da die Zahl der CDU-Oberbürgermeister in Baden und Württemberg identisch ist, obwohl

[148] a. a. O., S. 76.
[149] a. a. O., S. 167.
[150] Ebd.
[151] Ebd.

der württembergische Teil gut eineinhalb so viele Städte umfasst als Baden. Diese Zahlen bekräftigen die „starke Verwurzelung der CDU in Baden – verbunden mit der badischen Wahltradition“[152], so Holzwarth, der damit Wehlings Einschätzung stützt, dass die „CDU-Klientel im katholischen Baden (...) eine relativ sichere Bank für die CDU“[153] sind. In diesem Zusammenhang gibt Wehling zu bedenken, dass „die urbane Gesellschaft (...) in hohem Maße volatil“[154] ist.

Weitere Bestätigung erfährt das Baden-Profil nach Holzwarth auch hinsichtlich der Teilaussage zum Attribut des Einheimischen: „80 % der bei Neuwahlen erfolgreichen Einheimischen siegen im badisch geprägten Landesteil“ stellt Holzwarth fest und resümiert daraus, dass die „badische Tradition der Wahl Ortsansässiger [fortlebt]“[155], gleichzeitig daran erinnernd, dass seiner untersuchten Menge eineinhalb mehr Städte im württembergischen Landesteil liegen.

Weiter unterstreicht er die zentrale Bedeutung der „feste[n] Bindung an die CDU“[156] in badischen Großstädten: „Wenn Großstadt und Baden Randbedingungen einer Oberbürgermeisterneuwahl bilden, siegen Einheimische weit überdurchschnittlich“[157].

Die Teilaussage der fehlenden Verwaltungskompetenz wird von Holzwarth für den badisch geprägten Landesteil in letzter Konsequenz nicht herausgearbeitet, weswegen er mit dem Gedanken schließt, dass das Baden-Profil in seiner untersuchten Menge durch „mehr Parteimitglieder, mehr Mitglieder der stärksten Partei (...) mehr einheimische Sieger/innen gekennzeichnet“[158] ist.

Zusammenfassend möchte der Verfasser an dieser Stelle festhalten: Mit der vorgenannten Darstellung wird deutlich, dass keinerlei antagonistische Quelle aufgetan werden konnte, die die

---

[152] a. a. O., S. 168.
[153] Wehling, Hans-Georg / Wehling, Rosemarie (2007b): Politische Kultur und Geschichte im deutschen Südwesten. In: Schmid, Josef / Zolleis, Udo: Wahlkampf im Südwesten, Berlin, S. 21.
[154] a. a. O., S. 20.
[155] Holzwarth (2016), S. 186.
[156] a. a. O., S. 196.
[157] a. a. O., S. 212.
[158] a. a. O., S. 188.

Aussage des Baden-Profils wissenschaftlich vollständig widerlegen konnte. Vielmehr finden sich eine große Zahl an Publikationen, die sich mit Studien in unterschiedlicher quantitativer wie qualitativer Güte dem Thema näherten. Häufig sind insb. Studien wie die von Klein, Huzel und Holzwarth zwar in quantitativer Hinsicht höchst interessant, können aber aufgrund der unscharfen Abgrenzung Badens über die Regierungsbezirke oder fehlende Wertung einzelner Teilaussagen (Verwaltungskompetenz) nur bedingt für die abschließende Überprüfung des Baden-Profils herangezogen werden. Allerdings werden sie als Referenz dienen, wenn es darum geht, die eigenen Ergebnisse zu bewerten oder Tendenzen aufzuzeigen.

2.4 Rechtliche Einordnung des Baden-Profils

Das Baden-Profil widmet sich dem Bürgermeister im Sinne der GemO, flankiert von Kommunalwahlgesetz (KomWG) und Kommunalwahlordnung (KomWO) Baden-Württembergs. Doch wer ist Bürgermeister? Gibt es unter ihnen Unterschiede rechtlicher Natur? Dies soll gemeinsam mit der Einordnung der drei Teilaussagen in ihren rechtlichen Kontext aufgezeigt werden.

2.4.1 Bürgermeister im Ehren- bzw. Hauptamt

In Kapitel 2.3 wurde bereits der Umstand des ehrenamtlichen Bürgermeisters in Baden im zeitgeschichtlichen Kontext angerissen. Grundsätzlich kann die Art der Ausführung des Amtes eines Bürgermeisters in Ehren- oder Hauptamt unterteilt werden. Für Bürgermeister als Ehrenbeamte „gelten die beamtenrechtlichen Bestimmungen je nach Landesrecht in eingeschränkter oder modifizierter Form“[159].

[159] Wissmann, Monika; Wissmann, Martin (2012): Was dürfen Bürgermeister. 2. Auflage Wiesbaden: Kommunal- und Schul-Verlag (Bürgermeisterpraxis), S. 19. So werden ehrenamtliche Bürgermeister bspw. nach dem Gesetz über die

Der Rechtsstellung eines Bürgermeisters definiert sich über die Einwohnerzahl der Gemeinde, der er vorsteht. Gemäß § 42 Abs. 2 GemO ist der Amtsinhaber zwingend Ehrenbeamter auf Zeit, sofern die Gemeinde nicht mehr als 500 Einwohner hat. Im Bereich von mehr als 500 aber weniger als 2.000 Einwohnern soll er ebenfalls ehrenamtlich tätig sein, kann aber durch Hauptsatzung zum hauptamtlichen Beamten auf Zeit bestimmt werden. Über 2.000 Einwohnern ist er stets hauptamtlich tätig. Bezugnehmend auf die später zu untersuchende Menge kann bzgl. der Rechtsstellung folgende Zusammensetzung festgehalten werden:

Kommunen-größe	Anzahl der Kommunen	Anzahl ehren-amtlicher Bürgermeister	Anzahl hauptamtlicher Bürgermeister
unter 500	7	7	0
500-2.000	49	10	39
über 2.000	367	0	367
GESAMT	**423**	**17**	**406**

Tabelle 10: Matrix der Verteilung der ehrenamtlichen und hauptamtlichen Bürgermeister in der untersuchten Menge n=423 (Quelle: Eigene Erhebung und Abgleich mit den Hauptsatzungen der einschlägigen Kommunen).

Wie sich die Ergebnisse aus Tabelle 10 zum Land Baden-Württemberg verhalten, ist unklar. Der Status der Bürgermeister zwischen 500 - 2.000 Einwohnern wird nicht zentral erfasst. Klein erhob im Rahmen ihrer Untersuchung zum Stand Ende 2009 56 Gemeinden mit ehrenamtlichen Bürgermeistern im ganzen Südwesten.[160]

Da sich, wie bereits in Kapitel 2.2.1 am Beispiel der fehlendenden Verwaltungserfahrung verdeutlicht, die Auswirkung des Baden-Profils ganz besonders in den ehrenamtlichen tätigen Bürgermeistern

---

Aufwandsentschädigung der ehrenamtlichen Bürgermeister und der ehrenamtlichen Ortsvorsteher (Aufwandsentschädigungsgesetz - AufwEntG) entschädigt.

[160] Vgl. Klein (2014), S. 147, 149.

wiederfindet, sollen diese bewusst Teil der untersuchten Gesamtmenge bleiben. Sie werden, wo es nötig ist, jedoch separat ausgewiesen.

Im Wesentlichen unterscheiden sich letztlich ehrenamtliche von den hauptamtlichen Bürgermeistern in dem Umfang der Arbeit, der von ihnen objektiv erwartet wird. Entsprechend unterschiedlich erfolgt sodann die Besoldung und Versorgung, was aber nicht näher im Fokus dieser Arbeit stehen soll.[161] Fest zu halten gilt, dass dem Bürgermeister – ob Ehren- oder Hauptamt – in Baden-Württemberg eine Urwahl zugrunde liegt, die wiederum den Dreiklang aus stimmberechtigten Vorsitz im Gemeinderat, der Leitung der Verwaltung und die Rechtsvertretung der Kommune nach außen (§ 42 Abs. 1 GemO) begründet.

2.4.2 Rechtlicher Rahmen der Teilaussagen

Die GemO stellt an den potentiellen Bewerber um ein kommunales Spitzenamt keine beruflichen Erfahrungen. Dies lässt sich im Umkehrschluss aus § 46 GemO schließen, der im weitesten Sinne persönliche Voraussetzungen der Wählbarkeit benennt. Die positiven Tatbestandsmerkmale sind die Staatsangehörigkeit (§ 46 Abs. 1, 1. HS GemO), ein Alter zwischen 25 und 67 Jahren sowie das Eintreten für die freiheitliche demokratische Grundordnung im Sinne des Grundgesetzes (§ 46 Abs. 1, 2. HS GemO). Im Ergebnis kann hier konstatiert werden, dass der Gesetzgeber die Ausprägung dieses Merkmals in keinerlei Weise reglementiert, gewisse berufliche Erfahrung vorschreibt oder gar ausschließt.

Aus den o. g. Ausführungen kann hinsichtlich der Teilaussage zur Herkunft bereits abgeleitet werden, dass mit der Vorgabe der Staatsangehörigkeit (Deutsche oder Unionsbürger) von Seiten des Gesetzgebers zwar eine Abgrenzung erfolgte, deren Wirkungsbereich aber im Weiteren für diese Arbeit keine Relevanz besitzt.

---

[161] Vgl. u. a. Dols, Heinz; Plate, Klaus (2005): Kommunalrecht Baden-Württemberg. 6. Auflage, Stuttgart: Kohlhammer (Recht und Verwaltung), S. 140-142.

Letztlich finden sich direkt keine rechtlichen Bestimmungen zu Mitgliedschaft oder Nähe zu politischen Parteien in der GemO. Mittelbar ist das Erfordernis des Eintretens für die freiheitliche demokratische Grundordnung im Sinne des Grundgesetzes, jedoch zumindest ein Rahmen, der Bewerbern mit Mitgliedschaften in offen verfassungsfeindlichen Organisationen den Zugang zum kommunalen Spitzenamt erschwert.[162] Eine Mitgliedschaft in einer auch nach eigenen Angaben rechtsnationalen (aber gerichtlich nicht verbotenen) Partei, stellt daher regelmäßig kein ausreichendes Kriterium dar, wie jüngste Beispiele kandidierender und vom Wahlausschuss[163] zugelassener Bewerber bei Bürgermeisterwahlen zeigen.[164]

Der Vollständigkeit halber sei erwähnt, dass der Ausschlusskatalog des § 46 Abs. 2 sowie die Hinderungsgründe nach § 46 Abs. 3-4 GemO bzgl. aller Teilaussagen des Baden-Profils nicht einschlägig sind.

Im Ergebnis bedeutet dies, dass die nachfolgenden Untersuchungsergebnisse ihre volle Aussagekraft entfalten können, ohne dass ihre Interpretation zuvor einer rechtlichen Würdigung bedarf.

---

[162] Vgl. u. a. Fleckenstein, Jürgen (2016): Rechtliche Grundsätze bei Bürgermeisterwahlen. In: Witt, Paul (Hg.): Karrierechance Bürgermeister. Leitfaden für die erfolgreiche Kandidatur und Amtsführung, 2. Auflage, S. 73.

[163] Siehe hierzu Kehle, Roger (2010): Rechtliche Grundsätze bei Bürgermeisterwahlen. In: Witt, Paul (Hg.): Karrierechance Bürgermeister. Leitfaden für die erfolgreiche Kandidatur, 1. Auflage, S. 91-108.

[164] Vgl. BNN (2017): Rechtsradikaler will Bürgermeister werden, 10.03.2017, online abgerufen unter https://bnn.de/lokales/rastatt/rechtsradikaler-will-buergermeister-werden am 11.08.2018.
Siehe hierzu auch Wahlergebnis in Au am Rhein (2017): Endgültiges Wahlergebnis Bürgermeisterwahl 2017, 09.04.2017, online abgerufen unter http://www.wahlen.kdrs.de/AGS216002/216002m-090417.htm am 11.08.2018.

3. Berufliche (Verwaltungs-) Erfahrung amtierender Bürgermeister

Zur Erforschung des beruflichen Hintergrunds bzw. der Verwaltungserfahrung wurde die konkrete berufliche Tätigkeit unmittelbar vor der Wahl (Frage 2) und der Besuch einer Hochschuleinrichtung für Verwaltung (Frage 3) unter den Amtsinhabern erforscht.

Dabei wurde bewusst nur die letzte Tätigkeit *unmittelbar vor* einer Wahl abgefragt, da dies auch diejenige Angabe ist, die zusammen mit Namen und Anschrift nach § 24 Abs. 3 KomWO auf dem Stimmzettel bzw. gemäß § 10 Abs. 6 KomWG auf der öffentlichen Bekanntmachung auftaucht.

Nach Kehle ist dies „grundsätzlich nicht der erlernte, sondern der aktuell ausgeübte Beruf", weiter stellen „Titel und Hochschulgrade (...) keine Berufsbezeichnung dar". Damit komme der Berufsangabe „wahlwerbendem Charakter"[165] zu.

Beachtlich ist in diesem Zusammenhang, dass ein Teil der Wähler die Entscheidung wen sie wählen, erst im Schlussakkord des Wahlkampfs bis hin zum Moment im Wahllokal selbst hinauszögern.[166] Dazu sei auch bemerkt, dass trotz teils berstend voller Sport- und Versammlungshallen bei öffentlichen Kandidatenvorstellungen, mit steigender Kommunengröße auch ein immer größer werdender Teil der Bevölkerung bis zum Wahltag nie Gelegenheit hat, mit den Bürgermeisterkandidaten persönlich in Kontakt zu treten.[167] Dies unterstreicht die Bedeutung der „Papierform" des Stimmzettels und der Angaben darauf.

---

[165] Kehle (2010), S. 100.

[166] Vgl. Witt, Paul; Krause, Christina (2011): Wer wird gewählt? Analyse von (Ober-) Bürgermeisterwahlen, empirisches Fachprojekt 2010-2011 an der Hochschule Kehl. Aber auch Moeller, Achim; Jungblut, Gwendolin (2015): Wahlen gewinnen. Komplexität durchdringen; Strategie entwickeln; Begeisterung entfachen. 1. Auflage. Schwäbisch Hall: pVS - pro Verlag und Service GmbH & Co. KG (Edition der Gemeinderat), S. 11-13.

[167] Vgl. Holzwarth (2016), S. 34, 44, 158, Klein (2014), S. 73 aber auch Brugger (2008), S. 5.

Umso geringer die Kommunengröße, desto gewichtiger drängt sich auch neusten Erkenntnissen das Merkmal der beruflichen Erfahrung, d. h. hier einer ausgewiesenen Verwaltungskompetenz, in den Vordergrund der Kandidaten-abwägung im Rahmen des kommunalpolitischen Willensbildungsprozesses.[168] Holzwarth geht gar weiter und resümiert, dass die „Verwaltungskompetenz (...) in der Literatur als zentrale Voraussetzung für den Erfolg bei (Ober-)Bürgermeisterwahlen gesehen [wird]"[169].

Von diesem Gedanken leitend, sind zwei Wege denkbar, wie sich ein Bewerber um das Wahlamt gegenüber dem Bürger profilieren kann:

Erstens in Form einschlägiger Berufserfahrung, z. B. als „Hauptamtsleiter oder Kämmerer, im Landratsamt bei der Kommunalaufsicht, im Regierungspräsidium"[170] oder in vergleichbaren, staatlichen Behörden. Im Falle von Oberbürgermeisterwahlen gar aus derselben Behörde, wenn sich der Beigeordnete um den Chefsessel der Großen Kreisstädte bewirbt.[171]

In aller Regel gingen solchen Karrieren ganz selbstverständlich ein Studium an einer Hochschuleinrichtung für Verwaltung oder ein juristisches Staatsexamen voran, Quereinsteiger sind jedoch auch denkbar, insb. in höheren Behörden.

Zweitens zumindest durch erfolgreichen Abschluss des Studiums (insb. als Diplom Verwaltungswirt) an einer Hochschuleinrichtung für Verwaltung, auch wenn danach zeitweise oder zumindest jeweils zum Zeitpunkt der Wahl keine Tätigkeit im öffentlichen Dienst vorlag.[172]

---

[168] Vgl. Witt, Paul (2016b): Wohin entwickelt sich der Beruf der Bürgermeisterin / des Bürgermeisters? In: Witt, Paul (Hg.) Karrierechance Bürgermeister. Leitfaden für die erfolgreiche Kandidatur und Amtsführung, 2. Auflage, S. 210.

[169] Holzwarth (2016), S. 53.

[170] Witt (2016b), S. 211 aber auch in Witt, Paul (2007) Die Entwicklung des Berufsbilds der Bürgermeisterin / des Bürgermeisters in Deutschland am Beispiel von Baden-Württemberg. In: Verwaltungszeitung Baden-Württemberg, Ausgabe Nr. 5, Dezember 2005 und Ausgabe Nr. 6, Februar 2007, S.5.

[171] Klein (2014), S. 75, S. 179.

[172] Diese Konstellation ist zwar grundsätzlich möglich, aber faktisch sehr selten, da das Studium an den Hochschulen für öffentliche Verwaltung die Absolventen verpflichtet, zumindest zeitweise nach Abschluss des Studiums im öffentlichen Dienst zu arbeiten.

Der positive Werbeeffekt eines einschlägigen Studiums verliert aber mit wachsendem Abstand zwischen Studienabschluss und Erstwahl an Bedeutung. Hierauf wird in Einzelfällen zurück zu kommen sein.

Nachdem verschiedene Autoren gezeigt haben, dass grundsätzlich mit abnehmender Kommunengröße der Ruf nach Verwaltungsspezialisten steigt, gilt es die Sondersituation in Kommunen mit unter 2.000 Einwohnern zu berücksichtigen: Auch Wehling geht davon aus, dass sich entsprechende Bewerber mit Verwaltungsexpertise nur dann um das Wahlamt auf Ehrenamtsbasis bewerben, wenn die Vergütung ausgeschöpft wird.[173]

Nicht unbeachtet bleiben darf auch die Auswirkung des Sonderfalls nach § 63 GemO, der benachbarten, kreisangehörigen Gemeinden erlaubt, dieselbe Person zum Bürgermeister zu wählen.[174] Machen Bürgermeister hiervon Gebrauch, hat dies für die Bürger in der im Verhältnis kleineren Gemeinde den Vorteil, dass sie in aller Regel einen vergleichsweise höher qualifizierten ehrenamtlichen Schultheiß erhalten.[175] Deshalb soll den Schultes im Ehrenamt in diesem Zusammenhang besondere Aufmerksamkeit geschenkt werden.

Da sich der Fokus der vorliegenden Untersuchung aber der Frage widmet, ob badische Bürgermeister weiterhin *eher keine* Verwaltungserfahrung haben, erachtet der Autor die o. g. beiden Fragen als ausreichend, um diesen Themenkomplex zu erforschen. Es geht daher nicht darum in letzter Konsequenz zu klären, welchen anderweitigen beruflichen Hintergrund die Bewerber haben. In der Makroanalyse werden jedoch die verdichteten Angaben hierzu dargestellt.

Andernfalls ist dies mit einer Rückforderung der Bezüge verbunden. Siehe hierzu § 59 Abs. 5 des Bundesbesoldungsgesetzes in Verbindung mit den hierzu erlassenen Verwaltungsvorschriften.

[173] Nach der Anlage zum AufwEntG können bspw. ab 1. Juli 2018 ehrenamtliche Bürgermeistern in Kommunen mit 1.000-2.000 Einwohnern monatlich mind. 2.246 EUR und max. 3.850 EUR entschädigt werden.

[174] Dies ist innerhalb der hier vorliegenden Gesamtmenge drei Mal der Fall. Alle drei Amtsinhaber in Doppelfunktion haben auch an den Fragebogen beantwortet.

[175] Vgl. Klein (2014), S. 70.

Es werden vielmehr die beiden Indizien abgefragt, die den Deutungsansatz nach Wehling wahlweise maßgeblich stützen oder widerlegen. Leitender Gedanken der Fragen und der Auswertung ist, die „Papierform“ zu erforschen, die wie eingangs ausgeführt, zunehmend an Bedeutung gewinnt.

Im Folgenden wird zunächst das Teilergebnis der Fragen ausgewertet und dargestellt. Hiernach erfolgt die Untersuchung des Einflusses möglicher Determinanten. Im dritten Schritt werden die (landesweiten) Referenzwerte aus der Literatur gegenübergestellt und das Zwischenresümee gefasst.

3.1 Makroanalyse des Forschungsergebnisses

Von den insgesamt 320 Respondenten, haben alle 320 Amtsinhaber Angaben zu ihrer vorherigen beruflichen Tätigkeit (Frage 2) und zu dem Besuch einer Hochschuleinrichtung für Verwaltung (Frage 3) gemacht.

Zur Kategorisierung des Untersuchungsergebnisses zur vorherigen, beruflichen Tätigkeit wurden die Einzelangaben in verschiedenen Stufen verdichtet. Da Wehling selbst keine Kategorisierung vornahm, lehnt sich der Verfasser in der höchsten Verdichtungsebene an die Einteilung nach Kern[176] an. Dieser hat, ebenfalls bezugnehmend auch auf Wehlings Daten, eine Einteilung in vier Kategorien (hier die Verdichtungsebene 3) vorgenommen:

- Öffentlicher Dienst mit Verwaltungserfahrung (z. B. Hauptamtsleiter)
- Öffentlicher Dienst ohne Verwaltungserfahrung (z. B. Polizeibeamte)
- Privater Sektor mit verwaltungsähnlicher bzw. -naher Erfahrung (z. B. Geschäftsführer)
- Privater Sektor ohne Verwaltungserfahrung (z. B. Bauingenieure)

[176] Kern (2007), S. 204.

Diese vier Kategorien bilden in dieser Arbeit den höchsten Verdichtungsgrad, die Verdichtungsebene 3. In Verdichtungsebene 2 finden sich dem Wesensgehalt nach vergleichbare Berufsangaben, z. B. Hauptamtsleiter und Kämmerer in der Gruppe „Leiter von Verwaltungsorganisationseinheiten". Der einfachste Grad der Verdichtung gruppiert annähernd identische Berufsangaben zu einer Gruppe, bspw. den „Kämmerer" und „Leiter der Finanzverwaltung". Dieses Vorgehen wurde gewählt, um im Umgang mit den zahlreichen Datensätzen maximale Transparenz in der Methodik zu gewährleisten.

In diesem Zusammenhang gilt es zu unterstreichen, dass die Gruppe der Juristen und Rechtsanwälte (Verdichtungsebene 2, n=19) der Kategorie Privater Sektor mit Verwaltungserfahrung zugeordnet wurde. Damit wurde eben jenem Umstand Rechnung getragen, dass Juristen bei der Wahl um ein kommunales Wahlamt den Verwaltungsfachkräften in der öffentlichen Wahrnehmung aber auch laut den vorgenannten einschlägigen Quellen annähernd gleichgestellt – in Großstädten gar bevorzugt werden. Zur Begründung sei gesagt, dass eine Zuordnung in die erste Kategorie im Umfeld von Bürgermeistern, Hauptamtsleitern u. ä. zu weit gegriffen erschien, während die beiden übrigen Kategorien ohne Verwaltungserfahrung einer Person mit fundierter Rechtskenntnis nicht gerecht werden.

Das Hauptaugenmerk unter Berücksichtigung der leitenden Forschungsfragen liegt im Folgenden auf den beiden Sektoren ohne Verwaltungserfahrung.

3.1.1 Vorherige Berufstätigkeit

Der klassische baden-württembergische Stereotyp des Bürgermeisters, der vornehmlich ein ausgewiesener Verwaltungsfachmann ist, findet sich mit $^{2}/_{3}$-Mehrheit auch in der untersuchten Teilmenge wieder, wie Abbildung 8 zeigt:

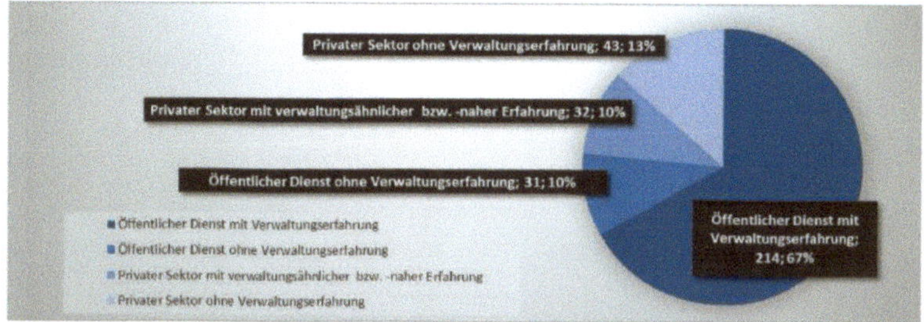

Abbildung 8: Beruflicher Hintergrund der Bürgermeister (n=320) aus der Frage nach der letzten, konkreten Tätigkeit vor der ersten Wahl zum Bürgermeister, konkretisiert hinsichtlich der Angabe, die einst auf dem Stimmzettel zur Person hinterlegt war; Ergebnis gruppiert in vier Kategorien (Quelle: Eigene Erhebung, Frage 2).

Die vor dem Hintergrund des leitenden Forschungsgedankens interessante Personengruppe findet sich zu 13 % in den Berufsangaben, die dem privaten Sektor ohne Verwaltungserfahrung zugeordnet wurden. Dieser Wert kann (ggf. anteilig) auch um die Gruppe des öffentlichen Dienstes ohne Verwaltungserfahrung um bis zu 10 % erhöht werden. Die Entscheidung darüber bedarf jedoch zunächst einer Betrachtung der gruppierten Einzelangaben innerhalb des Forschungsergebnisses.

Kategorie 1: Öffentlicher Dienst mit Verwaltungserfahrung

Die Kategorie Öffentlicher Dienst mit Verwaltungserfahrung – im Folgenden Kategorie 1 genannt – wird dominiert von Bürgermeistern, Hauptamtsleitern, Kämmerern und weiteren, einschlägigen Funktionen und Tätigkeiten innerhalb einer (Kommunal-)Verwaltung. In der weiteren Betrachtung werden ähnlich lautende Berufsangaben in einer gruppierten Form (Verdichtungsebene 2) dargestellt. Eine weitergehende aufgeschlüsselte, detaillierte Darstellung der Verdichtungsebene 1 kann der Anlage[177] entnommen werden.

[177] Die Übersicht der Verdichtungsebenen 1-2 der Kategorie 1 - Öffentlicher Dienst mit Verwaltungserfahrung kann der Anlage 6 entnommen werden. Die nicht gruppierten Einzelangaben (Verdichtungsebene 0) sind nach Meinung des Verfassers regelmäßig entbehrlich und daher auch regelmäßig nicht Bestandteil der Anlage.

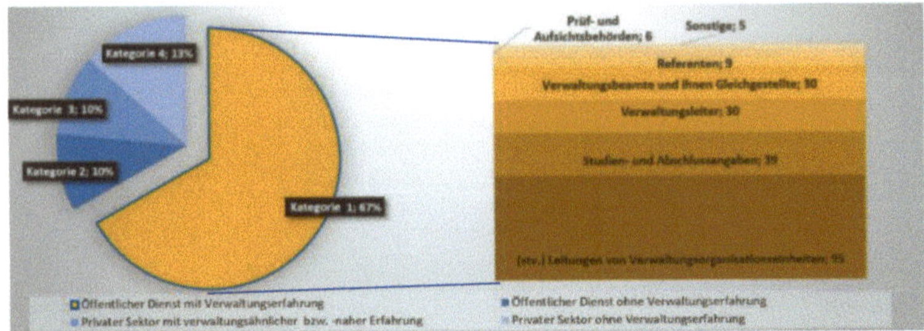

***Abbildung** 9: Aufgeschlüsselte Darstellung nach gruppierten Berufsangaben (Verdichtungsebene 2) in der Kategorie Öffentlicher Dienst mit Verwaltungserfahrung (Kat. 1, n=214) auf die Frage nach der letzten, konkreten Tätigkeit vor der ersten Wahl zum Bürgermeister, konkretisiert hinsichtlich der Angabe, die einst auf dem Stimmzettel zur Person hinterlegt war (Quelle: Eigene Erhebung, Frage 2).*

Nach Abbildung 9 stellen Verwaltungsfachkräfte mit Leitungserfahrung knapp die Hälfte der Teilmenge der Kategorie 1. Die häufigsten Berufsangaben waren mit großem Abstand Hauptamtsleiter (n=36) und Kämmerer (n=26).

Obwohl explizit im Fragebogen gebeten wurde, die letzte, konkrete Tätigkeit - ggf. abweichend zum ursprünglich erworbenen Abschluss - vor der ersten Wahl zum Bürgermeister anzugeben, wurde auch rege Gebrauch von den Abschlusstiteln gemacht. Die in diesem Zusammenhang gemachten Angaben ließen sich in 39 Fällen der Kategorie 1 zuordnen. Zu den häufigsten Angaben zählen hier Dipl. Verwaltungswirte (n=24) und Verwaltungsfachwirte (n=7).

An dritter Stelle rangieren die „Verwaltungsleiter", die häufigsten Nennungen innerhalb dieser Gruppe sind dabei Beigeordnete und Bürgermeister anderer Kommunen (jeweils n=10).

Hierauf folgt die Gruppe derer, die nur angaben, Verwaltungsbeamter zu sein. Diese Gruppe vereinigte ebene jene Rückmeldungen der Art „Verwaltungsbeamter" (n=15), aber auch diejenigen, die ihre besoldungsrechtlich relevante Amtsbezeichnung, z. B. Direktoren (n=3), notierten.

Komplettiert wird Kategorie 1 von den Gruppen der „Referenten" (z. B. Referenten des (Ober-)Bürgermeisters n=3), Mitgliedern von

„Prüf- und Aufsichtsbehörden" (z. B. Prüfer der GPA n=2) und sonstigen Rückmeldungen, die der Kategorie zugehörig sind, aber keiner der vorgenannten verdichteten Gruppen sinnig zugeordnet werden konnten.

Kategorie 2: Öffentlicher Dienst ohne Verwaltungserfahrung

Die Kategorie Öffentlicher Dienst ohne Verwaltungserfahrung – im Folgenden Kategorie 2 genannt – wird ihrerseits dominiert von Polizeibeamten und Mitarbeitern der Forstverwaltung. Auch hier werden die gruppierten, ähnlich lautenden Berufsangaben (Verdichtungsebene 2) in der Abbildung 10 dargestellt, die detailliertere Aufschlüsselung kann der Anlage[178] entnommen werden.

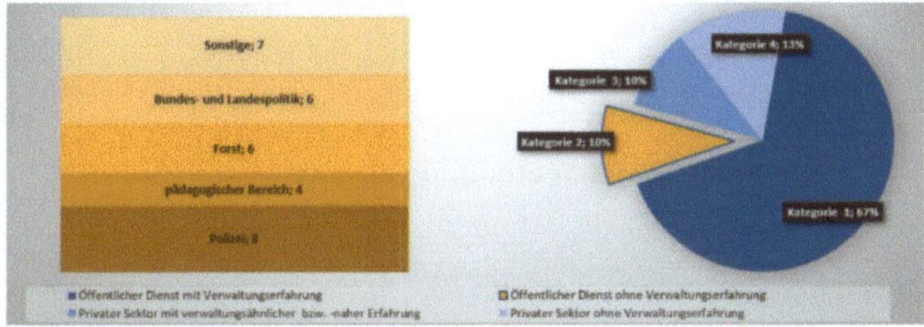

Abbildung 10: Aufgeschlüsselte Darstellung nach gruppierten Berufsangaben (Verdichtungsebene 2) in der Kategorie Öffentlicher Dienst ohne Verwaltungserfahrung (Kat. 2, n=31) auf die Frage nach der letzten, konkreten Tätigkeit vor der ersten Wahl zum Bürgermeister, konkretisiert hinsichtlich der Angabe, die einst auf dem Stimmzettel zur Person hinterlegt war (Quelle: Eigene Erhebung, Frage 2).

Aufgrund der geringeren, absoluten Fallzahl in der Kategorie 2, werden ihre Bestandteile nur kursorisch beschrieben. Neben o. g. Personengruppen von Polizei und Forstverwaltung finden sich hier auch Lehrkräfte und Mitglieder als auch Mitarbeiter der Bundes- und Landespolitik. Exemplarisch herausgegriffen seien hier z. B. die Bürgermeister, die zuvor Mitglied des Landtages oder gar persönlicher Referent des Ministerpräsidenten waren. Auch hier findet sich eine

---

178 Die Übersicht der Verdichtungsebenen 1-2 der Kategorie 2 - Öffentlicher Dienst ohne Verwaltungserfahrung kann der Anlage 7 entnommen werden.

gewisse Anzahl sonstiger Fälle (n=7), die – wie z. B. die Arbeitsvermittler im Arbeitsamt – zweifellos der Kategorie zugehörig sind, aber keiner der vorgenannten verdichteten Gruppen sinnig zugeordnet werden konnten.

Kategorie 3: Privater Sektor mit verwaltungsähnlicher /-naher Erfahrung

Die Kategorie Privater Sektor mit verwaltungsähnlicher / -naher Erfahrung – im Folgenden Kategorie 3 genannt – beinhaltet, wie in Kapitel 3.1 bereits angerissen, zu großen Teilen Juristen und Rechtsanwälte. Mit n=19 Fällen stellen die Juristen die absolute Mehrheit (59,3 %), gefolgt von Geschäftsführern bei n=5 Fällen (15,6 %). Hierauf folgen n=8 nicht gruppierbare Einzelangaben, bei denen im Gegensatz zu den vorherigen Kategorien von einer weiteren Verdichtungsebene (2) aus Praktikabilitätsgründen abgesehen wurde. Eine detailliertere Übersicht kann der Anlage[179] entnommen werden.

Kategorie 4: Privater Sektor ohne Verwaltungserfahrung

Die Kategorie Privater Sektor ohne Verwaltungserfahrung – im Folgenden Kategorie 4 genannt – vereinigt eine Vielzahl von Berufen und Branchen in sich. Die Anteile innerhalb dieser Kategorie sind sehr ausgeglichen, kaufmännische Berufe stellen mit n=8 Fällen die größte Gruppe. Auch hier können die gruppierten, ähnlich lautenden Berufsangaben wieder verdichtet (Verdichtungsebene 2) angegeben werden, wie in der Abbildung 11 dargestellt. Die detailliertere Aufschlüsselung kann der Anlage[180] entnommen werden.

---

[179] Die Übersicht der Verdichtungsebene 1 der Kategorie 3: Privater Sektor mit verwaltungsähnlicher / naher Erfahrung kann ebenfalls der Anlage 7 entnommen werden.

[180] Die Übersicht der Verdichtungsebenen 1-2 der Kategorie 4: Privater Sektor ohne Verwaltungserfahrung kann der Anlage 8 entnommen werden.

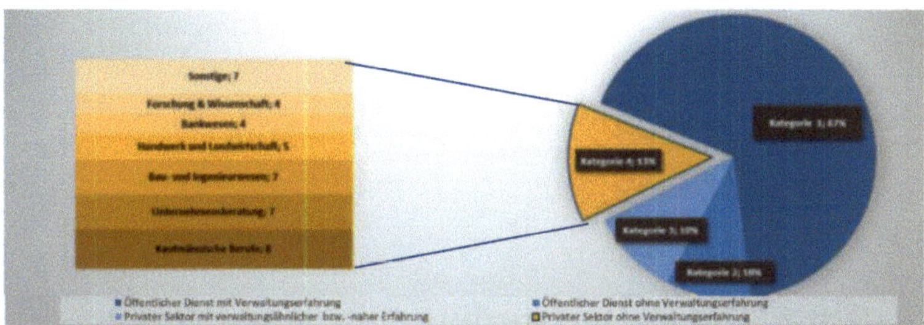

***Abbildung 11:** Aufgeschlüsselte Darstellung nach gruppierten Berufsangaben (Verdichtungsebene 2) in der Kategorie Privater Sektor ohne Verwaltungserfahrung (Kat. 4, n=42) auf die Frage nach der letzten, konkreten Tätigkeit vor der ersten Wahl zum Bürgermeister, konkretisiert hinsichtlich der Angabe, die einst auf dem Stimmzettel zur Person hinterlegt war (Quelle: Eigene Erhebung, Frage 2).*

Komplettiert wird diese Kategorie von sonstigen Angaben, die für sich genommen weitere n=7 Nennungen ausmachen, der Kategorie zugehörig sind, aber keiner der vorgenannten verdichteten Gruppen sinnig zugeordnet werden konnten.

Letztlich kann zusammenfassend nach detaillierter Betrachtung der einzelnen Kategorien folgendes konstatiert werden:

Das Baden-Profil hinsichtlich seiner Teilaussage zum Nicht-Verwaltungsfachmann aggregiert sich unstrittig in Kategorie 4 (13 %), die die Fälle des privaten Sektors ohne Verwaltungserfahrung in sich vereinigt. Im Umkehrschluss ist Kategorie 1 und 3, insb. aufgrund des massiven Anteils an rechtskundigen Juristen, bzgl. des Baden-Profils zu vernachlässigen. Streitbar ist demnach einzig nach wie vor der Umgang mit Kategorie 2 (10 %), dem öffentlichen Dienst ohne Verwaltungserfahrung. Zieht man hierzu Wehlings Idealmodell eines Bürgermeisters heran, der sich explizit durch Verwaltungsexpertise auszeichnet, erscheint es dem Verfasser wenig statthaft, dass die bloße Tatsache eines Dienstverhältnisses im öffentlichen Dienst als ausreichend angesehen werden kann. Es wird ferner bezweifelt, dass dies allein ausreicht, dass damit bei den Wählern der Eindruck eines Verwaltungsexperten generiert werden kann. Auch erscheint es bei Betrachtung der konkret angegebenen Berufe in Kategorie 2 wenig sinnvoll, anteilig Gruppen der Kategorie 2 mit einem Verwaltungsfachmann gleichzusetzen. Dementsprechend versteht der Verfasser unter einem Nicht-Verwaltungsfachmann im Sinne Wehlings bzgl. des Baden-Profils zunächst die Summe aus Kategorie 2 und 4 (23 %). Um Beurteilungs- und Zuordnungsfehler hinsichtlich der Teilmenge auszuschließen, wird vor abschließender Wertung zuvor das Forschungsergebnis zum Hochschulhintergrund detailliert beleuchtet und diskutiert.

3.1.2 Hochschulstudium für Verwaltung

Die akademische Bildung wurde vor dem Hintergrund eines Besuchs einer Hochschuleinrichtung für Verwaltung abgefragt. Wie Abbildung 12 entnommen werden kann, haben knapp über die Hälfte (53 %) aller teilgenommenen Bürgermeister eine entsprechende Bildungseinrichtung besucht. Innerhalb dieser 53 % stellen mit 82,9 % die Hochschulen für öffentliche Verwaltung in Kehl und Ludwigsburg den größten Anteil. Unter den weiteren Nennungen findet sich bspw. die Universität Konstanz.

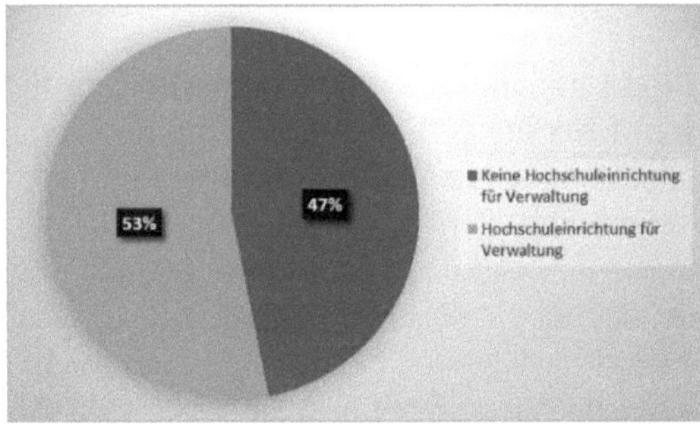

Abbildung 12: Darstellung des Hochschulhintergrunds badischer Bürgermeister (n=320) (Quelle: Eigene Erhebung, Frage 3).

Mit Blick auf die Forschungsfrage gilt es hierzu fest zu halten, dass 47 % der badischen Bürgermeister mit ihrem akademischen Werdegang keine Verwaltungsexpertise rechtfertigen können. Diese Zahlen nun zu den vorangegangenen ins Verhältnis zu setzen, und daraus *eine* Aussage abzuleiten, soll im Mittelpunkt des folgenden Kapitels stehen.

3.1.3 Plausibilitätsprüfung und Diskussion der Makroanalyse

Wie zu Beginn des Kapitels bereits ausgeführt, muss auf den Stimmzetteln zur Wahl der konkrete Beruf angegeben werden. Der Bürger wählt daher nach Auffassung des Autors einen Bewerber um das Wahlamt der Papierform nach eher nach konkreter Tätigkeit, als nach dem ggf. zugrundeliegenden Bildungsweg hin aus. Dementsprechend ist es zunächst sinnvoll gewesen, dass sich die Zuordnung in eine der vier Kategorien nach Kapitel 3.1.1 primär viel mehr nach der Berufsangabe als nach dem Hochschulstudium richtet.

Allerdings liegt der Anteil der unter Kapitel 3.1.1 von Berufswegen als klassische Verwaltungsfachkräfte ausgemachten Personengruppe erheblich über jenem Anteil, der ein einschlägiges Verwaltungshochschulstudium absolvierte.

Zu der Konstellation „Zuordnung zu Kategorie 1" und „kein Hochschulstudium für Verwaltung" wurden n=62 Angaben noch einmal detailliert gesichtet.[181]

Vornehmlich handelte es sich demnach entweder um Personen, die zuvor bereits Wahlbeamte waren oder Führungspositionen verschiedener Fachbereiche innerhalb der Verwaltung innehatten und mutmaßlich (da nicht mit der Umfrage abgefragt) ein anderes, fachspezifischeres Studium absolvierten und sich so für denjenigen Dienstposten qualifizierten. Das o. g. Delta erklärt sich daher sowohl mit Quereinsteigern als auch Bürgermeistern anderer Kommunen, bei Letzteren „verdrängt" – aus nachvollziehbaren Gründen – ihr vorheriges Wahlamt jegliche, andere berufliche Vergangenheit.

Bezugnehmend auf den leitenden Forschungsgedanken muss jedoch genauso auch die Frage gestellt werden, ob die zuvor in Unterkapitel 3.1.1 allein aufgrund ihrer Berufsangabe als Nicht-Verwaltungsfachkräfte ausgemachte Personengruppe vielleicht doch mit einer gewissen bildungsbedingten Expertise aufwarten konnten.

Im Wege dieser Betrachtung konnten n=7 Fälle ausgemacht werden, die aufgrund ihrer Berufsangabe zuvor in die Kategorien 2

[181] Die Übersicht dieser 62 Fälle ist der Anlage 9 zu entnehmen.

und 4 ohne Verwaltungserfahrung eingeordnet wurden, wiederum jene Frage nach dem Verwaltungsstudium aber bejahten. In vier dieser sieben Fälle handelte es sich um Polizeibeamte, die ihre Hochschule unter Verwaltungshochschulen subsumierten.

Bei zwei Fällen ließ die Angabe der Hochschuleinrichtung (Uni Konstanz / Fachhochschule des Bundes, Brühl) grundsätzlich die Erwägung zu, dass diese beiden Bürgermeister mit Verweis auf ihr Studium einen Vorteil im Werben um die Wählergunst hätten haben können. Legt man jedoch das durchschnittliche Alter von ca. 25 Jahren[182] bei Studiumsende zugrunde, lagen einmal sieben, einmal gar 15 Jahre zwischen Abschluss- und Erstwahlzeitpunkt. Ein Mehrwert im Werben um Wählerstimmen ist nach Meinung des Verfassers in Anbetracht dieser zeitlichen Distanz – allein durch das Studium – eher anzuzweifeln.

Im letzten Fall kam die Abweichung damit zustande, dass der Respondent ein Studium des technischen Dienstes angab.

In der Gesamtschau sieht daher der Autor davon ab, die zuvor auf 23 % bezifferte Menge von Nicht-Verwaltungsfachleuten nach Unterkapitel 3.1.1 unter Berücksichtigung der Ergebnisse bzgl. des Hochschulstudiums und o. g. Detailbetrachtungen zu korrigieren.

Dies führt schlussendlich zu der Feststellung, dass die Teilmenge t_1 der badischen Bürgermeister ohne Verwaltungserfahrung 23 % beträgt. Im weiteren Verlauf können daher badische Bürgermeister, die die Teilaussage bzgl. fehlender Verwaltungserfahrung im Sinne des Baden-Profils erfüllen, mit den Amtsinhabern der Kategorien 2 und 4 ohne Verwaltungserfahrung gleichgesetzt werden.

Teilmenge t_1: Bürgermeister ohne Verwaltungserfahrung: **23 %**

Abbildung 13: *Infografik Teilmenge t1.*

[182] Statistisches Bundesamt (2016): Hochschulen auf einen Blick, Ausgabe 2016, Wiesbaden, S. 20-21.

3.2 Mikroanalyse und mögliche Determinanten

Nach der Darstellung des reinen Forschungsergebnisses, stellt sich nun die Frage nach den Zusammenhängen: d. h. welche Determinanten beeinflussen das Ergebnis? Gibt es Korrelationen? Entstehen wechselseitige Bedingungsgeflechte?

Als ein erstes Indiz als zentrale Determinante der Merkmalsausprägung fehlender Verwaltungskompetenz machte Wehling die Tradition ehrenamtlicher Bürgermeister Badens aus.[183] Daher wird besonderes Augenmerk auf die Rechts-stellung und Kommunengröße gelegt werden. Weiter wird das Forschungsergebnis nach soziodemographischen Determinanten hin untersucht. Komplettiert wird die Mikroanalyse durch ggf. determinierende, geographische Besonderheiten.

3.2.1 Rechtsstellung

So gut wie jeder zehnte Bürgermeister in Baden ohne Verwaltungserfahrung (zum Zeitpunkt der Wahl) übt sein Amt ehrenamtlich aus. Mit 9,5 % liegt der Anteil der Bürgermeister im Ehrenamt deutlich über ihrem Anteil (4,0 %) in der Gesamtmenge badischer Bürgermeister. Statistisch betrachtet, bestätigt ein χ^2-Test[184] diesen signifikanten Zusammenhang zwischen Rechtsstellung und fehlender Verwaltungskompetenz und untermauert hier Wehlings frühe These.

3.2.2 Kommunengröße nach Einwohner

Der in Unterkapitel 3.2.1 festgestellte, signifikante Zusammenhang zwischen Rechtsstellung und der

[183] Siehe hierzu Kapitel 2.3.1.

[184] Bei einem Signifikanzniveau (α) von 5 %, p=0,95, entspricht der kritische Wert bei einem Freiheitsgrad 3,84. χ^2 (empirischer Wert) liegt mit 4,06 oberhalb des kritischen Wertes. Die Null-Hypothese „kein Zusammenhang“ wird abgelehnt.

Merkmalsausprägung der fehlenden Verwaltungs-kompetenz lässt vermuten, dass sich auch ein Bedingungsgeflecht in Bereich der möglichen Determinante der Einwohnerzahl zeigt. Hier insb. in Kommunen mit weniger als 2.000 Einwohnern.

Doch stellt man innerhalb dieser Betrachtung der Einwohnerzahl-Determinante dem durchschnittlichen[185] Amtsinhaber ohne Verwaltungserfahrung den badischen Durchschnitts-Bürgermeister gegenüber, widmet sich der ohne Verwaltungs-expertise beschlagene Schultes den Anliegen von knapp 1.000 Einwohnern *mehr* als sein Kollege in Baden. Abbildung 14 zeigt die Verhältnisse nach den üblichen Einwohnerkategorien auf:

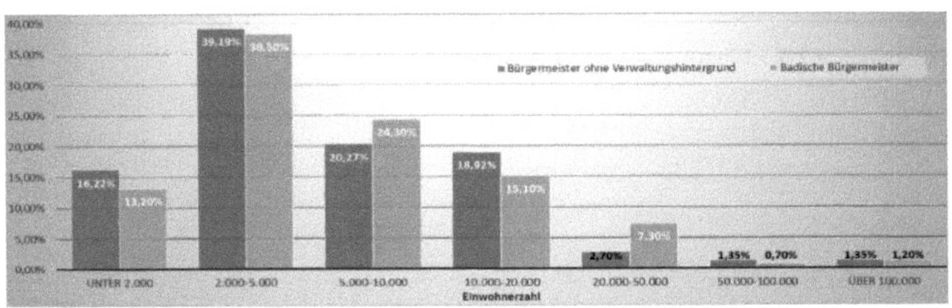

Abbildung 14: *Gegenüberstellung der Bürgermeister ohne Verwaltungserfahrung (n=74) und badischer Bürgermeister (n=423) nach Einwohneranzahl ihrer Kommunen (Quelle: Eigene Erhebung).*

Der hier ersichtliche Unterschied ist recht gering. Amtsinhaber ohne Verwaltungshintergrund leiten die Geschicke von Kommunen mit rund 11.100 Einwohnern, der badische Durchschnittskollege kommt auf 10.400 Einwohner. Die Auswirkungen der vorherigen Determinante der Rechtsstellung werden ebenso in den Kleinstkommunen bis max. 2.000 Einwohnern in Abbildung 14 erkennbar. Im Bereich der nächstgrößeren Kommunen von 2.000 bis 5.000 Einwohnern halten sich Teilmenge und badischer Schnitt die Waage, in Kommunen bis 50.000 Einwohnern sind die Bürgermeister ohne Verwaltungshintergrund, mit Ausnahme des Bereichs zwischen 10.000-20.000 Einwohnern, wiederrum unterrepräsentiert.

[185] Durchschnittlich heißt in der Mikroanalyse stets basierend auf dem Mittelwert.

So überrascht nicht, dass kein signifikanter Zusammenhang zw. Einwohnerzahl und Amtsinhabern ohne Verwaltungshintergrund nachgewiesen werden kann.[186]

3.2.3 Altersstruktur

„Die heute amtierenden Bürgermeister sind älter als früher" stellte bereits Klein in ihrer Arbeit fest, weil das „durchschnittliche Alter der Bürgermeister kontinuierlich gestiegen ist".[187] Darüber hinaus weisen die Amtsinhaber mit zunehmender Einwohnergröße auch ein höheres Alter bei Amtsantritt aus.[188] Während beginnend mit Wehlings Monographie der Bürgermeister im Schnitt noch 43,5 Jahre alt war, waren es 1998 bei Bäuerle[189] schon 46,1 Jahre, bei Wißkirchen 47,7 Jahre und bei Nothacker gar glatt 50 Jahre.[190] Mit 51 Jahren markiert das Ergebnis nach Klein die konsequente Fortführung der zuvor benannten Entwicklung.[191]

Eine Beurteilung dieser Entwicklung muss dabei vor dem Hintergrund rechtlicher, gesellschaftlicher und politischer Rahmenbedingungen erfolgen. Da wie bereits angeführt, Bewerber um das kommunale Spitzenamt in aller Regel ein Hochschulstudium vorweisen, sind Bürgermeister dieser Tage naturgemäß älter als bspw. zum Zeitpunkt der ersten Erhebung durch Wehling. Gleichzeitig verweist z. B. Klein auf zahlreiche Aspekte, die erwarten lassen, dass „das Alter der Bürgermeister bei Amtsantritt nicht weiter steigt"[192], so z. B. die Einführung des achtjährigen Gymnasiums, der Aussetzung des Wehr- und Wehrersatzdienstes und der im Vergleich zum Diplom-

---

186 Bei einem Signifikanzniveau (α) von 5 %, p=0,95, entspricht der kritische Wert bei vier Freiheitsgraden 9,49. Die Einwohner-Kategorien über 20.000 Einwohner wurden zur Vermeidung von rechnerischen Fehlern in eine Variable überführt. χ^2 (empirischer Wert) liegt mit 2,39 unterhalb des kritischen Wertes. Die Null-Hypothese „kein Zusammenhang" wird angenommen.

187 Klein (2014), S. 58.

188 Vgl. u. a. Klein (2014), S. 162.

189 Bäuerle (1998), S. 100.

190 Vgl. Klein (2014), S. 58.

191 a. a. O., S. 128.

192 a. a. O., S. 130.

verkürzte Bachelorstudiengang an den einschlägigen Hochschulen für öffentliche Verwaltung.

Diese Entwicklung findet auch in dem vorliegenden Untersuchungsergebnis Bestätigung: Der Bürgermeister ohne Verwaltungserfahrung innerhalb dieser Erhebung ist bei Amtsantritt im Schnitt am 23.08.1967 geboren, sein Mittelwert liegt hinsichtlich seines Alters zum Stichtag der Daten bei 50 Jahren und 10 Monaten. Der durchschnittliche Bürgermeister in Baden ist rund ein dreiviertel Jahr jünger (50 Jahre, 2 Monate).[193]

Abbildung 15 zeigt die unterschiedlichen Altersgruppen beider Mengen:

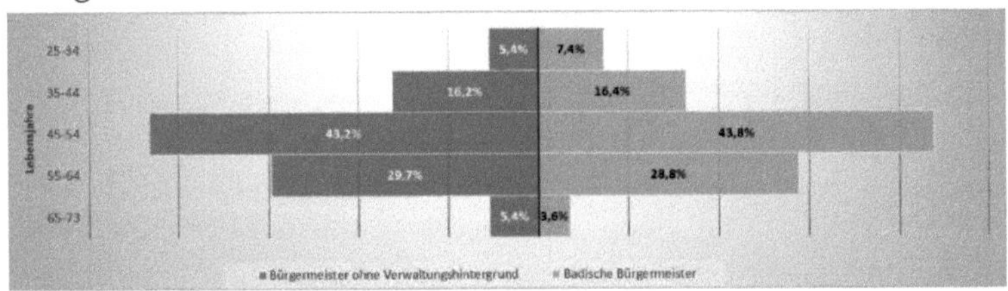

Abbildung 15: *Alterspyramide der Bürgermeister ohne Verwaltungserfahrung (n=74) und aller badischen Bürgermeister (n=420) nach Alterskategorien (Quelle: Eigene Erhebung, Frage 1).*

Der Anteil der 55 bis 73-Jährigen zum Erhebungszeitpunkt liegt stets über dem Landesschnitt in Baden, darüber hinaus gleichen sich die Alterspyramiden jedoch. Daher zeigt auch der χ^2-Test[194], dass zwischen dem Merkmal des Alters und einem Amtsinhaber ohne Verwaltungshintergrund statistisch kein signifikanter Zusammenhang besteht. Nichtsdestotrotz reiht sich das vorliegende Untersuchungsergebnis hinsichtlich seines grundsätzlichen Aussagewerts bzgl. des Alters nahtlos in die jüngsten Forschungsreferenzen ein.

---

[193] Diese Angaben können aus den Mittelwertberechnungen abgeleitet werden.

[194] Bei einem Signifikanzniveau von 5 %, p=0,95, entspricht der kritische Wert bei vier Freiheitsgraden 9,49. χ^2 (empirischer Wert) liegt mit 0,92 unterhalb des kritischen Wertes. Die Null-Hypothese „kein Zusammenhang“ wird angenommen.

3.2.4 Amtsdauer

Wehlings Baden-Profil wurde Anfang der 80er-Jahre erforscht und postuliert. Daher ist es dank der heutigen rechtlichen Rahmenbedingungen (Amtsinhaber dürfen ihr Amt bis 73 Jahre ausführen) grundsätzlich möglich, dass einzelne Amtsinhaber sowohl Bestandteile Wehlings untersuchter, als auch der dieser Thesis zugrundeliegenden Gesamtmenge waren. Nach Überprüfung[195] der Daten kann dieser Effekt jedoch ausgeschlossen werden.

Vielmehr beträgt die Amtsdauer des Bürgermeisters ohne Verwaltungshintergrund sieben Jahre, sein badisches Pendant bringt es dahingegen auf neun Jahre. Dies legt die Vermutung nahe, dass insbesondere in jüngster Zeit Bewerber ohne einschlägige Verwaltungskompetenz gewählt wurden. Diese These wurde auch durch Rückmeldungen seitens der Respondenten der Studie im Rahmen der offenen Frage 10 zu Wehlings Baden-Profil gestützt. Dabei erhielt der Autor zahlreiche Antworten wie: „Ja, es wird zunehmend schwieriger qualifizierte Bewerber für das Amt des Bürgermeisters zu finden". Wobei unterstellt werden darf, dass die Respondenten Qualifikation mit Verwaltungsexpertise gleichsetzen.

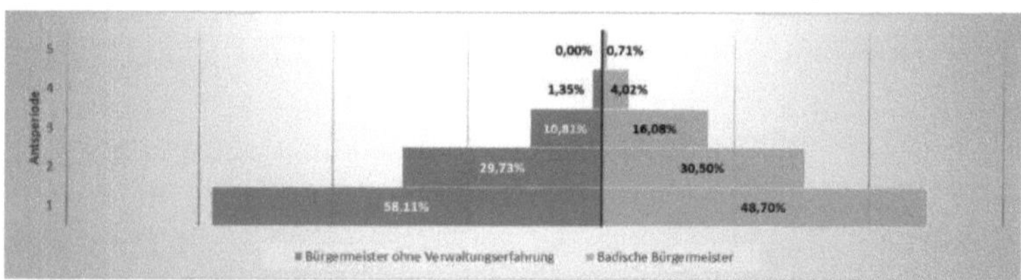

Abbildung 16: *Gegenüberstellung der Bürgermeister ohne Verwaltungserfahrung zum Zeitpunkt ihrer Erstwahl (n=74) und badischer Bürgermeister (n=423) anhand deren Amtsdauer in ihrer aktuellen Kommune (Quelle: Eigene Erhebung, Frage 1).*

Die Gegenüberstellung der Teilmenge t_1 mit der Gesamtmenge badischer Bürgermeister in Abbildung 16 untermauert o. g. These

[195] Ein Bürgermeister, der 1980 von Wehling hinsichtlich des Merkmals der persönlichen Herkunft untersucht wurde, müsste zum Zeitpunkt dieser Untersuchung sich mindestens in der 4. Amtsperiode in derselben Kommune befinden, genauer gesagt mindestens im 37. Amtsjahr. Der älteste Amtsinhaber in der Gesamtmenge hat sein Amt im Frühjahr 1983 angetreten und befindet sich dementsprechend erst im 35. Amtsjahr.

zunächst weiter: Demnach sind Bürgermeister ohne Verwaltungshintergrund überproportional häufiger in der ersten Amtsperiode vertreten, währenddessen ihr Anteil in allen Amtsperioden danach unterhalb des badischen Schnitts liegt. Wenngleich dieses Bild eine deutliche Tendenz suggeriert, kann anhand der Unabhängigkeitsberechnung (noch) kein statisch signifikanter Zusammenhang nachgewiesen werden.[196]

3.2.5 Geschlechterverteilung

Unter den nicht verwaltungserfahrenen Schultes befinden sich fünf Frauen. Das entspricht an der Gesamtzahl der n=74 Fällen 6,8 % und liegt damit unter dem prozentualen Anteil an Frauen unter allen kommunalen Wahlbeamten in Baden (8,3 %). Diese Abweichung ist jedoch zu gering, um eine statische Relevanz zu begründen.[197]

3.2.6 Geographische Verteilung und regionale Ballungszentren

Die Visualisierung des Untersuchungsergebnisses in Abbildung 17 zeigt zunächst, dass sich die Konstellationen der Bürgermeister ohne Verwaltungshintergrund oberflächlich betrachtet recht gleichmäßig im badischen Landesteil verteilen.

Halbiert man jedoch diese Teilmenge in ihrer vertikalen Verteilung auf der Nord-Süd-Achse, findet sich jene Scheitellinie (blau markiert in Abbildung 17) in der südlichen Ortenau auf Höhe des Kinzigtals. Man ist daher geneigt, Bürgermeister ohne Verwaltungshintergrund tendenziell im südlichen Teil Badens zu verorten. Dabei sollte aber bedacht werden, dass Südbaden eine stärke Ost-West-Ausdehnung besitzt. Eine belastbare Aussage

---

[196] Bei einem Signifikanzniveau (α) von 5 %, p=0,95, entspricht der kritische Wert bei zwei Freiheitsgraden 5,99. Um Berechnungsfehler zu vermeiden, mussten die Amtsperiode 3-5 aufsummiert werden. χ^2 (empirischer Wert) liegt mit 3,53 unterhalb des kritischen Wertes. Die Null-Hypothese „kein Zusammenhang" wird angenommen.

[197] Bei einem Signifikanzniveau (α) von 5 %, p=0,95, entspricht der kritische Wert bei einem Freiheitsgrad 3,84. χ^2 (empirischer Wert) liegt mit 0,21 unterhalb des kritischen Wertes. Die Null-Hypothese „kein Zusammenhang" wird angenommen.

anhand der Scheitellinie allein ist daher nicht zweckmäßig. Der Eindruck wird weiter durch die Betrachtung drei engerer, räumlichen Zusammenhänge (Ballungsräume)[198] gestützt, die in Abbildung 17 mit S1, S2 und N1 gekennzeichnet wurden.

---

[198] Als Ballungsräume wurden hier Gebiete definiert, die bei einem Radius r=25 Kilometern Luftlinie mehr als 0,5 Fallkonstellationen (Bürgermeister ohne Verwaltungshintergrund bei der Erstwahl) je Kilometer umfassten. Das Instrument der Ballungsräume ist ein Hilfskonstrukt und kann Unschärfen in Folge unterschiedlicher Gemarkungsgrößen nicht berücksichtigen. Etwaige Überlappungen in die Schweiz (bei S1) oder Rheinland-Pfalz (bei N1) blieben unberücksichtigt.

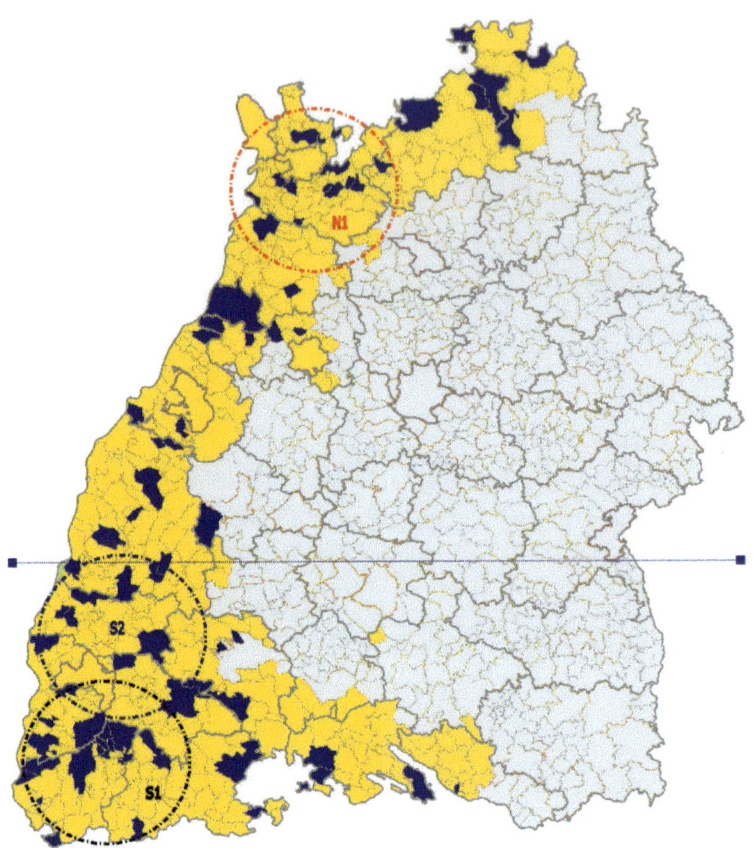

Abbildung 17: Bürgermeister, die zum Wahlzeitpunkt keine Verwaltungserfahrung aufweisen konnten (blau markiert; n=74), historisches Baden in gelb visualisiert (Quelle: Eigene Erhebung und Darstellung)

Dabei überwiegen die Ballungsräume quantitativ – wie anhand der Scheitellinie bereits vermutet – im südlichen Landesteil im Verhältnis 2:1, siehe Tabelle 11:

	Dichte (Fälle je Kilometer)
Ballungsraum S1 „Hochrhein“	0,68
Ballungsraum S2 „Kreis Emmendingen“	0,56
Ballungsraum N1 „Heidelberg-Mannheim“	0,56

Tabelle 11: Ballungsräume des Merkmals „ohne Verwaltungserfahrung“ bei r=25 Kilometern mit einem Wert von mehr als 0,5 je Kilometer Luftlinie (Quelle: Eigene Erhebung, Frage 2).

Aber auch qualitativ betrachtet, sind die Fallkonstellationen nach Tabelle 11 in höherer Anzahl in den südlichen Ballungsräumen zu finden.

Ferner ist bemerkenswert, dass offensichtlich kein Gefälle auf der Horizontalen, d. h. auf der Ost-West-Achse, festzustellen ist. Ein Zusammenhang zwischen Bestätigung der Teilaussage Wehlings bzgl. der Verwaltungserfahrung und der jeweiligen Entfernung des Ortes zur imaginären Landesgrenze nach Württemberg kann aus den vorliegenden Untersuchungsergebnissen nicht abgeleitet werden. Auch darüber hinaus sind keine Auffälligkeiten in geographischer Sicht ersichtlich.

Zusammenfassend kann daher einzig konstatiert werden, dass Bürgermeister ohne Verwaltungserfahrung bei ihrer Erstwahl umso häufiger werden, desto südlicher die Kommune innerhalb der alten Landesgrenzen liegt.

3.3 Referenzwerte und Zwischenresümee

Die Analyse der ersten Teilaussage des Baden-Profils anhand der heutigen Amtsinhaber im historischen Bereich Badens brachte zum Ergebnis, dass 23 % aller badischer Bürgermeister zum Zeitpunkt ihrer Erstwahl auf keine fundierte Verwaltungserfahrung verweisen konnten, demnach einst bei ihrer Erstwahl nicht als „Verwaltungsexperten" galten.

Es wurde nachgewiesen, dass es einen signifikanten Zusammenhang zwischen dem Merkmal des fehlenden Verwaltungshintergrunds und der Rechtsstellung gibt. Genauer gesagt: Befindet sich der Schultes im Ehrenamt, ist die Wahrscheinlichkeit höher, dass er keine Verwaltungsexpertise vor Amtsantritt besaß.

Weiter konnte der Nachweis erbracht werden, dass Bürgermeister ohne Verwaltungshintergrund tendenziell älter und kürzer im Amt sind als ihr Pendant im badischen Landesschnitt. Hier konnten deutliche Tendenzen eruiert werden, ohne dass sie zum jetzigen Zeitpunkt bereits statistisch signifikant sind.

Ähnlich verhält es sich mit der geographischen Ausbreitung des Merkmals: umso mehr man den Blick gen Süden innerhalb Badens richtet, desto häufiger findet sich die Merkmalsausprägung. Allerdings konnten keine auffällig stark oder schwach geprägten räumlichen Zusammenhänge erkannt werden.

Keine Abhängigkeiten konnten hinsichtlich möglicher Determinanten des Geschlechts oder der Kommunengröße[199] erforscht werden.

Zur Einordnung dieses Teilergebnisses behilft sich der Autor unter Hinzuziehung der Referenzwerte der mehrheitlich landesweiten Untersuchungsergebnisse.

Beginnt man mit Wehlings Gesamterhebung, waren es 1984 76,8 %, die ein Studium an den einschlägigen Fachhochschulen absolviert hatten.[200] Marginal höher lag dieser Datensatz mit 79% bei Bäuerle[201] Ende des vorherigen Jahrtausends. Mit 78 % wurde dieses Niveau 2001 durch Wißkirchen bestätigt, eine absteigende Tendenz

---

[199] Die überproportionale Erscheinung des Merkmals „ohne Verwaltungserfahrung" in den Kleinstkommunen bis 2.000 Einwohner einmal ausgeklammert, da der Autor hier ein Beziehungsgeflecht zur Determinante Rechtsstellung sieht.

[200] Wehling (1984), S. 65.

[201] Bäuerle (1998), S. 64.

findet sich sodann bei Gehne/Holtkamp 2005 mit 74,9 %[202], Egner[203] 2007 für Kommunen über 10.000 Einwohnern mit 72 %, und Nothacker im Jahr 2009 gar nur noch 70 %.[204] In Kleins Erhebung waren es über drei Viertel, die einen Abschluss als Verwaltungswirt vorweisen konnten. Bei alleiniger Betrachtung der Oberbürgermeister geht der Anteil auf ein Drittel zurück.[205]

Ein abweichendes Ergebnis brachte Bäuerle ein, der einst eruierte, dass 89 % der Bürgermeister zuvor Berufserfahrung in der öffentlichen Verwaltung sammelten.[206]

Bedauerlicherweise sind diese der Literatur entnommenen Werte hinsichtlich der Teilaussage Wehlings recht unterschiedlich abgegrenzt und definiert.

Eine direkte Gegenüberstellung und unmittelbare Schlussfolgerung aus dem Verhältnis der Zahlen zueinander, entbehrt sich – bis auf mit Wehlings Wert selbst – an dieser Stelle. Dieser eruierte landesweit 16,4 % Bürgermeister ohne Verwaltungserfahrung und erklärte weiter, dass der Anteil Badens daran 4,6:1 entspricht. Berechnet[207] man unter Zuhilfenahme des Verhältnisses badischer und württembergischer Kommunen dieser Arbeit den Anteil Badens in Wehlings Wert, erhält man letztlich einen Anteil 35,5 % verwaltungsferner Bürgermeister in Baden im Jahr 1984.

---

[202] Gehne/Holtkamp (2005), S. 130, Abbildung 55.

[203] Egner, Björn (2007): Einstellungen deutscher Bürgermeister. Baden-Baden: Nomos, S. 126.

[204] Vgl. Klein (2014), S. 62.

[205] a. a. O., S. 131 f.

[206] Bäuerle (1998), S. 61.

[207] Legt man für Baden-Württemberg im Jahr 1984 gesamt n=1110 Kommunen zugrunde, entsprechen 16,4 % davon 182 Fällen von Bürgermeistern ohne Verwaltungserfahrung. Nimmt man weiter als Abgrenzung zwischen Baden und Württemberg das in dieser Arbeit eruierte Verhältnis von 38 % zu 62 % bzgl. der Zahl der Kommunen zu Hilfe, erhält man insgesamt 422 badische und 688 württembergische Kommunen im Jahr 1984. Laut Wehling verteilten sich die Rückmeldungen innerhalb n=182 Fälle (d. h. den 16,4 %) im Verhältnis Baden 4,6:1 Württemberg. Dies entspricht in absoluten Zahlen näherungsweise 150:32. Damit lässt sich Wehlings Quote von 16,4 % verwaltungsfremder Bürgermeister ebenfalls annäherungsweise aufschlüsseln in 35,5 % in Baden und 4,7 % in Württemberg.

Damit markiert der erforschte Wert von 23 % an Amtsinhabern ohne Verwaltungserfahrung einen erheblichen Rückgang. Vergegenwärtigt man sich, dass eben jene 35,5 % Wehlings ihn „nur" dazu veranlassten, von einer Merkmalsausprägung zu sprechen, die in Abgrenzung zu Württemberg *eher* in Baden vorkommt, scheint es bei einem Rückgang auf 23 % an dieser Stelle wenig statthaft, dieser Teilaussage noch Bedeutung für Baden für sich zuzusprechen.

4. Herkunft amtierender Bürgermeister

Wirken heutige Amtsinhaber in Baden an ihrem Heimatort oder stammen sie – nach württembergischem Ideal – aus der weiteren Umgebung, der Region bzw. dem Umland? Um dies zu ergründen, wurde abschließend mit einer Frage, der Ort erhoben, in dem der Amtsinhaber aufwuchs.

Unter Berücksichtigung geringer redaktioneller Ergänzungen (siehe Kapitel 2.2.2) konnte der ursprüngliche Antwortkatalog Wehlings übernommen werden. Die Ergebnisse können daher grundsätzlich direkt miteinander verglichen werden.

Nicht verhindern lässt es sich, dass ggf. Unschärfen auftreten. Als Beispiel sei hier darauf hingewiesen, dass im Einzelfall Amtsinhaber, die die Antwort „im Landkreis aufgewachsen" wählten, unter dem Strich in einem räumlich entfernteren Ort aufwuchsen, als diejenigen, die „in der Region" mit Entfernungsangabe 10 Kilometern notierten. Diese Unschärfe muss als unvermeidbar hingenommen werden. Ein Verzicht auf die Antwortoption „in der Region" hätte bspw. das Delta zwischen „im Landkreis" und „in Baden-Württemberg" unverhältnismäßig gespreizt. An diesem Beispiel wird offenkundig, wie schwer es im Einzelfall fällt, Gegebenheiten in einem räumlich abgrenzten Bereich zu beschreiben, wenn diese sich weitestgehend nach Verwaltungsgliederungen orientieren.

4.1 Makroanalyse des Forschungsergebnisses

Das Untersuchungsergebnis zur Herkunft gibt Auskunft darüber, dass fortwährend jeder vierte Amtsinhaber an jenem Ort waltet, an dem er auch aufwuchs, d. h. definitionsgemäß die meiste Zeit bis zu seinem 18. Lebensjahr verbrachte. Damit liegt die Teilmenge $t_2 = 25\ \%$ dieses Kapitels weit unter dem Wert (38,3 %) den Wehling in der

Monographie einst für badische Amtsinhaber ergründete und daraus u. a. seine These entwickelte.

Ferner unterstreicht die Abbildung

in Anlage 10 aber auch, dass der klassische Stereotyp des Bürgermeisters, der zwar nicht aus dem Amtsort selbst stammt, doch aber aus der näheren Umgebung, inzwischen auch im badischen Landesteil die Regel darstellt.

21 % der Antwortenden gaben mit Entfernungsangabe an, in der Region aufgewachsen zu sein. Nimmt man an, dass sich Landkreise geographisch auf ihren Achsen im Bereich von ca. 30 bis 75 km (z. B. die Nord-Süd-Achse des Ortenaukreises) erstrecken, erscheint es legitim, Angaben der Kategorie „In der Region" mit Entfernungsangabe bis 50 km (66 % von 21 %) mit der Kategorie „Im Landkreis" (30 %) aufgrund vergleichbarer „Aussagekraft" aufzusummieren.

Teilmenge t2: Einheimische Amtsinhaber: **25 %**

Abbildung 18: Infografik Teilmenge t2.

So stammen mit 44 % (14 % + 30 %) knapp die Hälfte nicht aus dem Amtsort direkt, jedoch aus der näheren Umgebung, beherrschen demnach den regionalen Dialekt und sind mit der entsprechenden Mentalität vertraut.[208]

Im Mittelpunkt des weiteren Erkenntnisinteresses wird aber die Teilmenge t_2 = 25 % derer stehen, die als Einheimische in ihrer Heimat als Schultes walten.

4.2 Mikroanalyse und mögliche Determinanten

Als eine womöglich zentrale Determinante auch bzgl. der Merkmalsausprägung einheimischer Herkunft machte Wehling die Tradition ehrenamtlicher Bürgermeister Badens aus.[209] Da sich mit Blick auf die Makroanalyse offensichtlich ein Prozess einstellt, wonach der Anteil einheimischer Bürgermeister absolut betrachtet abnimmt,

---

[208] Vgl. Wehling (2016), S. 19.

[209] Siehe hierzu Kapitel 2.3.1.

wird zunächst das Augenmerk auf den Einfluss der Rechtsstellung, später auf die Kategorien der Kommunen nach Einwohnern gelegt werden. Weiter wird das Forschungsergebnis erneut nach soziodemographischen Determinanten untersucht. Komplettiert wird auch hier die Mikroanalyse durch die Betrachtung der Determinante der geographischen Verteilung.

4.2.1 Rechtsstellung

Von den 81 Bürgermeistern, die angaben im Amtsort aufgewachsen zu sein, führen 6,8 % von ihnen ihr Amt ehrenamtlich aus. Damit liegt ihr Anteil merklich über dem Anteil der ehrenamtlichen Amtsinhaber in Baden (4,0 %). Dass das Ehrenamt für sich, das Baden-Profil und hier insb. seine Teilaussage hinsichtlich der Wahl Einheimischer, weiterhin bedingt[210], erscheint in Anbetracht dieses Untersuchungs-ergebnisses weiterhin statthaft. Die Abhängigkeit beider Merkmale bestätigt auch die Überprüfung mit einem Signifikanzniveau von 5 % mit dem χ^2-Test[211]. Rechtsstellung und Herkunft haben statistisch, signifikante Abhängigkeit.

[210] Vgl. hierzu Wehling/Siewert (1984), S. 89 sowie Kapitel 2.2.1 und 2.3.1.

[211] Bei einem Signifikanzniveau (α) von 5 %, p=0,95, entspricht der kritische Wert bei einem Freiheitsgrad 3,84. χ^2 (empirischer Wert) liegt mit 4,06 oberhalb des kritischen Wertes. Die Null-Hypothese „kein Zusammenhang" wird abgelehnt.

4.2.2 Kommunengröße nach Einwohner

Stellt man auch innerhalb der Betrachtung der Einwohnerzahl-Determinante den durchschnittlichen[212] Amtsinhaber in seiner Heimatkommune den badischen Durchschnitts-Bürgermeister gegenüber, widmet sich der einheimische Schultes den Anliegen von über 3.000 Einwohnern weniger als sein Kollege in Baden:

Einheimische Amtsinhaber leiten daher die Geschicke von Kommunen mit im Schnitt 7.260 Einwohnern, das badische Pendant kommt im Allgemeinen auf 10.417 Einwohner. Dieser bereits auf den ersten Blick recht markante Unterschied wird auch deutlich, wenn man sich vergegenwärtigt, dass der Teilmenge der einheimischen Bürgermeister nur sechs Oberbürgermeister angehören.

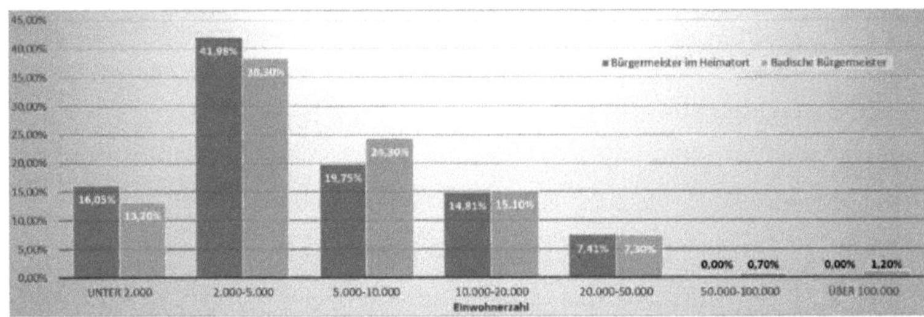

Abbildung 19: Gegenüberstellung Bürgermeister im Heimatort (n=81) und badischer Bürgermeister (n=423) nach Einwohneranzahl ihrer Kommunen (Quelle: Eigene Erhebung, Frage 1).

Abbildung 20 zeichnet das demzufolge erwartbare Bild: In Kleinst- und Kleinkommunen bis 5.000 Einwohnern liegt die Teilmenge prozentual nennenswert über dem badischen Landesschnitt. In den Einwohnerkategorien darüber liegt sie entweder im Schnitt oder darunter. In Kommunen jenseits der 50.000 Einwohner findet sich kein Fall eines einheimischen Amtsinhabers mehr. Die χ^2-Berechnung bestätigt diese wechselseitigen Beziehungsgeflechte, und bescheinigt der Variable

[212] Durchschnittlich heißt in der Mikroanalyse stets basierend auf dem Mittelwert.

„Kommunengröße" und der Merkmalsausprägung „einheimischer Bürgermeister" statistisch signifikante Abhängigkeit.[213]

4.2.3 Altersstruktur

Die Teilmenge der Bürgermeister, die als Einheimische die Geschicke ihres Heimatorts leiten, ist älter als die Gesamtmenge aller badischen Amtsinhaber.

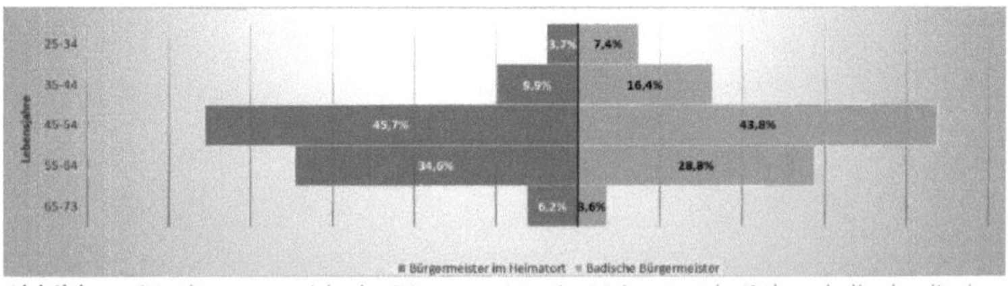

***Abbildung 20:** Alterspyramide der Bürgermeister im Heimatort (n=81) und aller badischen Bürgermeister (n=420) nach Alterskategorien (Quelle: Eigene Erhebung, Frage 1).*

Abbildung 21 kann auch entnommen werden, dass der Anteil der 45 bis 73-Jährigen zum Erhebungszeitpunkt über dem Landesschnitt in Baden liegt. Der Mittelwert des Bürgermeisters in seinem Heimatort liegt hinsichtlich seines Alters bei 52 Jahren und 4 Monaten. Der durchschnittliche Bürgermeister in Baden ist zwei Jahre jünger (50 Jahre, 2 Monate).[214] Allerdings zeigt hier der χ^2-Test[215], dass letztlich zwischen dem Merkmal des Alters und der Tätigkeit als Schultes im Heimatort statistisch kein signifikanter Zusammenhang besteht.

---

[213] Bei einem Signifikanzniveau (α) von 5 %, p=0,95, entspricht der kritische Wert bei vier Freiheitsgraden 9,49. Die Einwohner-Kategorien über 20.000 Einwohner wurden zur Vermeidung von rechnerischen Fehlern in eine Variable überführt. χ^2 (empirischer Wert) liegt mit 12,19 oberhalb des kritischen Wertes. Die Null-Hypothese „kein Zusammenhang" wird abgelehnt.

[214] Diese Angaben können aus den Mittelwertberechnungen abgeleitet werden.

[215] Bei einem Signifikanzniveau von 5 %, p=0,95, entspricht der kritische Wert bei vier Freiheitsgraden 9,49. χ^2 (empirischer Wert) liegt mit 5,21 unterhalb des kritischen Wertes. Die Null-Hypothese „kein Zusammenhang" wird angenommen.

4.2.4 Amtsdauer

Einheimische Bürgermeister finden sich überproportional in zweiter und dritter Amtsperiode, nicht jedoch in fünfter Amtszeit wie Abbildung 22 zu zeigen vermag. Da sich dieses Bild aber wiederum in erster und vierter Periode ins Gegenteil verkehrt, ist es wenig verwunderlich, dass keine Korrelation zwischen der Amtsdauer und der Merkmalsausprägung nachgewiesen werden kann.[216]

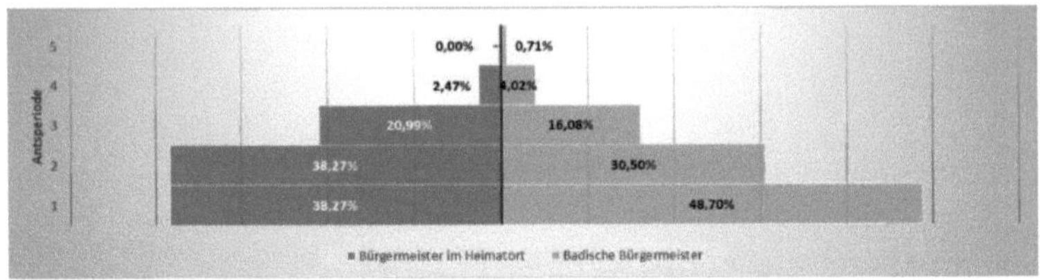

Abbildung 21: *Gegenüberstellung der Bürgermeister im Heimatort (n=81) und badischer Bürgermeister (n=423) anhand deren Amtsdauer in ihrer aktuellen Kommune (Quelle: Eigene Erhebung, Frage 1).*

4.2.5 Geschlechterverteilung

Bei den einheimischen Schultes liegen der Untersuchung vier Frauen im Wahlamt zu Grunde. Das entspricht an der Gesamtzahl der Einheimischen 4,9 % und liegt damit nennenswert unter dem prozentualen Anteil an Frauen unter allen kommunalen Wahlbeamten in Baden (8,3 %). Nach der χ^2-Berechnung reicht allerdings dieser Umstand nicht, um eine signifikante Abhängigkeitskonstellation zwischen Geschlecht und Amtsausübung im Heimatort zu begründen.[217]

[216] Bei einem Signifikanzniveau (α) von 5 %, p=0,95, entspricht der kritische Wert bei zwei Freiheitsgraden 5,99. Um Berechnungsfehler zu vermeiden, mussten die Amtsperiode 3-5 aufsummiert werden. χ^2 (empirischer Wert) liegt mit 4,09 unterhalb des kritischen Wertes. Die Null-Hypothese „kein Zusammenhang" wird angenommen.

[217] Bei einem Signifikanzniveau von 5 %, p=0,95, entspricht der kritische Wert bei einem Freiheitsgrad 3,84. χ^2 (empirischer Wert) liegt mit 1,09 unterhalb des kritischen Wertes. Die Null-Hypothese „kein Zusammenhang" wird angenommen.

4.2.6 Geographische Verteilung und regionale Ballungszentren

Visualisiert man das Forschungsergebnis hinsichtlich derer, die in ihrem Amtsort aufwuchsen, geographisch, verteilen sich diese Respondenten in erster Linie recht gleichmäßig auf das historische Baden.

Halbiert man jedoch in gewohnter Manier diese Menge in ihrer vertikalen Verteilung auf der Nord-Süd-Achse, findet sich jene Scheitellinie (rot markiert in Abbildung 23) bereits auf Höhe Pforzheims. Dies macht deutlich, dass die Mehrheit der im Amtsort aufgewachsenen und später auch gewählten Bürgermeister im nördlichen Areal Badens zu finden sein könnten.

Die These wird durch die Betrachtung der Ballungsräume[218] gestützt. So finden sich in der Gesamterhebung insgesamt vier engere, räumliche Zusammenhänge, die in Abbildung 23 mit N1, N2, N3 und S1 gekennzeichnet wurden.

[218] Als Ballungsräume wurden hier Gebiete definiert, die bei einem Radius r=25 Kilometern Luftlinie mehr als 0,5 Fallkonstellationen (im Amtsort aufgewachsen) je Kilometer umfassten. Das Instrument der Ballungsräume ist ein Hilfskonstrukt und kann Unschärfen in Folge unterschiedlicher Gemarkungsgrößen nicht berücksichtigen. Etwaige Überlappungen in die Schweiz (bei S1) oder Rheinland-Pfalz (bei N1-3) blieben unberücksichtigt.

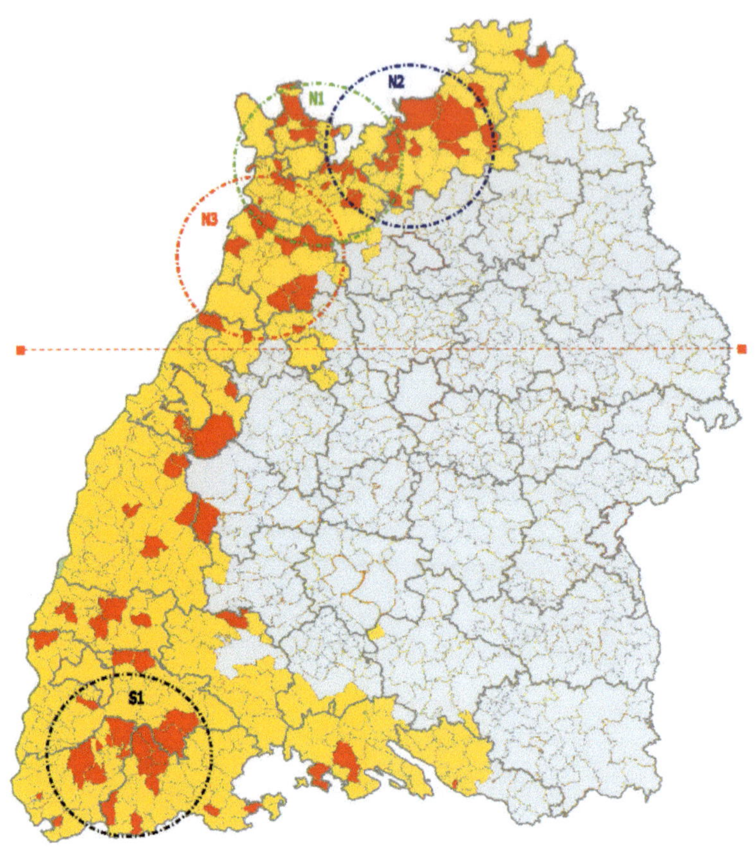

Abbildung 22: Bürgermeister, die in ihrem Amtsort aufgewachsen sind (rot markiert; n=81), historisches Baden in Gelb visualisiert (Quelle: Eigene Erhebung und Darstellung).

Dabei überwiegen die Ballungsräume quantitativ – wie bereits anhand der Scheitellinie vermutet – im nördlichen Landesteil im Verhältnis 3:1. Aber auch qualitativ betrachtet, sind die Fallkonstellationen in höherer Anzahl in den nördlichen Ballungsräumen zu finden, wie Tabelle 12 zeigt:

	Dichte (Fälle je Kilometer)
Ballungsraum N1 „Heidelberg-Mannheim“	1,00
Ballungsraum N2 „Neckar-Odenwald“	0,68
Ballungsraum N3 „Nördl. mittlerer Oberrhein“	0,56
Ballungsraum S1 „Hochrhein“	0,52

Tabelle 12: Ballungsräume des Merkmals „Aufgewachsen im Amtsort“ (n=81) bei r=25 Kilometern mit einem Wert von mehr als 0,5 Fällen je Kilometer Luftlinie (Quelle: Eigene Erhebung, Frage 1).

Ferner ist bemerkenswert, dass kein Gefälle auf der Horizontalen, d. h. auf der Ost-West-Achse beobachtet werden kann. Ein Zusammenhang zwischen Bestätigung der Teilaussage Wehlings bzgl. der Herkunft und der jeweiligen Entfernung des Ortes zur imaginären Landesgrenze nach Württemberg kann aus den vorliegenden Untersuchungsergebnissen nicht abgeleitet werden.

Zusammenfassend kann konstatiert werden, dass die Fallkonstellation – im Amtsort aufgewachsen und gewählt – innerhalb Badens umso häufiger auftritt, desto nördlicher die Kommune innerhalb der alten Landesgrenzen liegt.

4.3 Referenzwerte und Zwischenresümee

Hinsichtlich der Teilaussage Wehlings zur persönlichen Herkunft der badischen Bürgermeister lässt sich konstatieren, dass die eruierten Ergebnisse im Verhältnis zu Wehlings Ergebnis selbst eine abnehmende Tendenz zeigen. Der Prozentsatz einheimischer Bürgermeister hat um über 13 % auf t_2 = 25 % abgenommen.

Zur Diskussion dieses Teilergebnisses behilft sich der Autor erneut mit den Referenzwerten der landesweiten, bzw. unscharf badisch abgegrenzten Untersuchungsergebnisse, wie sie bereits in

Kapitel 2.3.2 benannt wurden. Zur besseren Übersicht seien diese Werte verdichtet in Tabelle 13 zusammengefasst:

Einheimische Bürgermeister	Wehling (1984)	Bäuerle (1992)	Wißkirchen	Gehne/Holtka	Egner (2007)	Kern (2007)	Huzel (2016)	Liebing (2018)
"Baden"	38,3 %			21,4 %				25 %
Land BaWü	17,8 %	22 %	13 %		20 %	22 %	15,4%	

Tabelle 13: *Gegenüberstellung der Referenzwerte bzgl. des Merkmals "Bürgermeister im Heimatort". (Quelle: Verdichtete Zusammenfassung des Kapitels 2.3.2).*

Eine klare Tendenz lässt sich insb. aus den Landesdurchschnitten nicht ableiten. Festgehalten werden kann aber dahingegen, dass der dieser Thesis zugrundeliegende Wert des Areals des scharf abgrenzten Badens, stets über jedem Wert für das gesamte Bundesland liegt, der der Literatur und den wissenschaftlichen Studien hierzu entnommen werden konnte. Im Umkehrschluss könnte man daher geneigt sein zu vermuten, dass der Wert des württembergischen Landesteils in einer dichotomen Gegenüberstellung entsprechend unter dem Landesschnitt liegen müsste. Zur endgültigen Bewertung bräuchte es dieses Delta um letztlich beurteilen zu können, ob es sich bei dieser Merkmalsausprägung im Verhältnis zu Württemberg weiterhin um ein eigenständiges Baden-Profil handelt.

Zusammenfassend will der Verfasser festhalten, dass einer von vier Amtsinhabern in Baden die Geschicke jenes Ortes leitet, in dem bis zum 18. Lebensjahr die meiste Zeit verbrachte. Diese Konstellation ist innerhalb Badens vornehmlich in den nördlicheren Regionen zu finden. Statistisch signifikant besteht eine Abhängigkeit zwischen jener Merkmalsausprägung und den Determinanten der Rechtsstellung, und der Größe der jeweiligen Kommune, was konzentriert zusammengefasst bedeutet: umso kleiner die Kommune an Einwohnern gemessen, desto wahrscheinlicher steht ihr ein einheimischer Bürgermeister vor.

Nicht signifikant, aber dennoch auffällig ist, dass einheimische Amtsinhaber überdurchschnittlich älter als ihr Pendant des „badischen Durchschnitts-Bürgermeisters“ sind. Das Geschlecht wirkt sich letztlich bzgl. des Merkmals nicht deterministisch aus.

5. Parteipolitische Nähe amtierender Bürgermeister

Dem Zwischenfazit aus Kapitel 2.2.4 Rechnung tragend, wurde der parteipolitischen Teilaussage des Baden-Profils der quantitative Schwerpunkt in der Erhebung gewidmet. Dies beginnt mit der Abfrage der grundsätzlichen Zugehörigkeit zu einer Partei oder Wählervereinigung (Frage 4).

In diesem Zusammenhang sei darauf hingewiesen, dass Kandidierende, die nicht Parteimitglieder sind bzw. dies entsprechend angeben, deswegen auf der einen Seite nicht gezwungenermaßen wirklich *politisch ungebunden* sind. Holzwarth konstatierte dies insb. für die Gewählten im Bereich von Städten über 20.000 Einwohnern. Auch einzig von Wählervereinigungen unterstützte Kandidaten sind nicht parteifern, „da kommunale Wählervereinigungen (…) kommunal gleiche politische Funktionen [wie Parteien; Anm. d. Verf.] wahrnehmen“[219]. „Der Unterschied zwischen Freien Wählervereinigungen und Parteien verschwimmt in kleineren Gemeinden“ resümiert auch Klein.[220] Dieser Meinung ist auch Wehling selbst, der seinerseits ausführt, dass Freie Wählervereinigungen besonders in kleinen und mittleren Gemeinden „verkappte Parteilisten“[221] sein können. Aus Opportunitätsgründen wird daher der Autor, solang es forschungstechnisch zweckmäßig ist, auch Freie Wählervereinigungen als politische Gruppierung ähnlich den etablierten Parteien begreifen.[222]

---

[219] Vgl. Holzwarth (2016), S. 210.

[220] Klein (2014), S. 144.

[221] Wehling, Hans Georg (1991): Parteipolitisierung von lokaler Politik und Verwaltung? Zur Rolle der Parteien in der Kommunalpolitik. In: Heinelt, Hubert; Wollmann, Helmut (Hg.): Brennpunkt Stadt. Stadtpolitik und lokale Politikforschung in den 80er und 90er Jahren. Basel, S. 152.

[222] Das wahltaktische Kalkül „unabhängiger“ Kandidaten, darauf ausgerichtet, in der Öffentlichkeit maximale Unabhängigkeit und damit Wählbarkeit zu demonstrieren, lebt nach Meinung des Autors auch nach Ende des Wahlkampfes weiter. Deswegen wird von einer weiteren Erhebung der Abhängigkeiten nach außen hin parteiferner, unabhängiger Kandidaten im Wege dieser Studie abgesehen.

Auf der anderen Seite sind auch faktisch an eine Partei gebundene Kandidaten nicht unmittelbar in der öffentlichen Wahrnehmung parteipolitische Bewerber: Dies liegt zum einen an der Persönlichkeitswahl im baden-württembergischen Kommunalwahlrecht, das gemäß § 8 KomWG i. V. m. §§ 13, 20 KomWO kein Vorschlagrecht der Parteien und / oder Listen wie in anderen Bundesländern kennt und damit die Unabhängigkeit der zu Wählenden nicht nur gewährleistet sondern auch in großem Maße forciert. Zum anderen ist es in Baden-Württemberg „weiterhin unüblich, als Bürgermeister seine Parteibindung deutlich erkennen zu geben"[223]. Nach Gehne und Holtkamp verzichten 90 % der Bürgermeister auf die Verwendung des Parteilogos in Zusammenhang mit ihrer Person.

Weiter wurde auch der Zeitpunkt des Eintritts in die Partei (Frage 5) abgefragt. Es soll damit eruiert werden, wann und u. a. warum ein Bürgermeister in die Partei / Wählervereinigung eingetreten ist. Ziel ist es, den Nachweis zu führen, welche partei- und listenangehörige Schultes diesen Schritt aus Überzeugung oder (als Mittel) zum Zweck der Kreistagskandidatur unternahmen.

Politische Bürgermeister in Baden sind, wie in Unterkapitel 2.2.3ausführlich dargestellt, teils profilierte Vertreter ihrer Parteien. Diesem Aspekt geht Frage 6 mit der Erhebung einer etwaigen Funktion innerhalb der Partei nach.

Ähnlich verhält es sich mit Wehlings Behauptung, dass der parteipolitisch aktive Bürgermeister häufig ein Repräsentant der stärksten politischen Kraft im Ort ist. Hierzu wurde mit Frage 7 die aktuell stärkste politische Kraft im Gremium, als auch das Sitzzahlverhältnis eruiert.

Im ersten Unterkapitel werden zunächst die jeweiligen makroanalytischen Ergebnisse dargestellt, um hieraus diejenige Teilmenge (t_{31}) zu definieren, die der parteipolitischen Aussage des Baden-Profils im engeren Sinne entspricht. Diese idealtypische Definition mit einem mehrstufigen System von Voraussetzungen,

---

[223] Gehne/Holtkamp (2005), S. 126.

bedingt die Ausweisung einer sehr geringen Teilmenge. Um die Gefahr der Überbetonung lokaler Spezifika aufgrund dieser zu kleinen Teilmenge zuvor zu kommen, wird t_{31} eine zweite, weniger eng gefasste Teilmenge (t_{32}) zur Seite gestellt. Diese wird – aufgrund ihrer Definition – auf für etwaige, dichotome Gegenüberstellungen praktikabler sein.

Im zweiten Unterkapitel werden diese beiden Teilmengen (t_{31}, t_{32}) auf möglicherweise determinierende Aspekte hin untersucht. Dabei wird auf die aus den vorherigen Kapiteln bekannten Aspekte zurückgegriffen. Aufgrund des von Wehling hergestelltem Zusammenhang zwischen der Rolle der Christdemokraten und der konfessionellen Prägung, wird die Mikroanalyse in diesem Kapitel um eben jene, mögliche Determinante der Konfession ergänzt.

Das letzte Unterkapitel resümiert die Erkenntnisse der Makro- und Mikroanalyse und zieht das Zwischenresümee unter Berücksichtigung der Referenzwerte.

5.1 Makroanalyse des Forschungsergebnisses

Von den 320 Respondenten haben insgesamt 318 Schultes verwertbare Angaben zur ihrer (partei-)politischen Orientierung gemacht. Demnach stellen die Christdemokraten mit beinahe jedem zweiten Bürgermeister die größte Fraktion (43 %) unter den badischen Amtsinhabern. Auf sie folgen die vollkommen unabhängigen Schultes mit immerhin knapp über einem Drittel, und Mitglieder Freier Wählervereinigungen mit 12 %. Die übrigen 10 % teilen sich wie in Abbildung 24 dargestellt unter den übrigen, etablierten Parteien auf.

Wehlings Monographie selbst sind keine Referenzwerte zur politischen Orientierung der Gesamtheit Badens zu entnehmen. Einzig die Angaben für das gesamte Bundesland (49 %) bzw. drei exemplarisch im Detail mit Zahlen hinterlegte Landkreise können zur

Orientierung und Einordnung dienen.[224] Diese seien in nachfolgender Tabelle 14 mit den Werten dieser Erhebung gegenübergestellt:

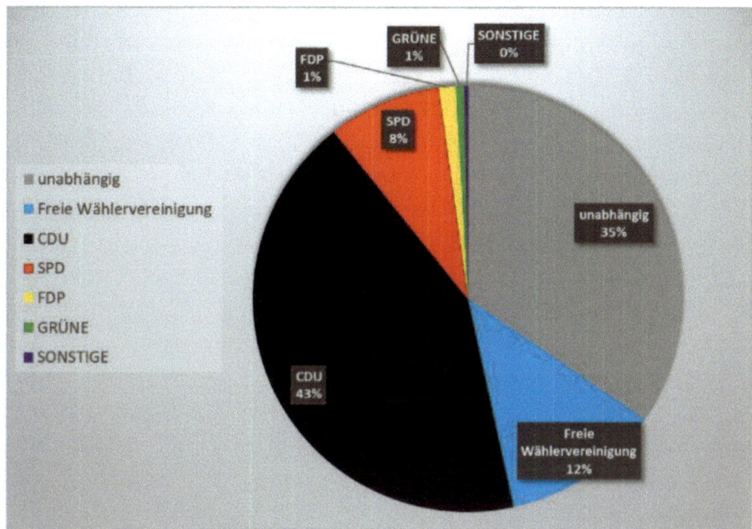

Abbildung 23: *(Partei-)politische Orientierung der Bürgermeister in Baden (n=318) (Quelle: Eigene Erhebung, Frage 4).*

Parteimitglieder (ohne FW)	Wehling/Siewert (1984)	Liebing (2018)
Land BW / Baden	49,0 % / ---	--- / 53,1 %
Lkr. Breisgau-Hochschw.	78,9 %	45,9 % (- 33,0 %)
Lkr. Karlsruhe	68,7 %	56,5 % (- 12,2 %)
Rhein-Neckar-Kreis	66,7 %	46,5 % (- 20,2 %)

Tabelle 14: *Gegenüberstellung Parteimitglieder unter den Bürgermeistern (ohne FW) 1984 und 2018 in Anlehnung an Wehling. (Quelle: Wehling/Siewert (1984), S. 71, Tabelle 10, S. 87, Tabelle 20 und Eigene Erhebung, Frage 4).*

[224] Wehling/Siewert (1984), S. 71, 87.

Im direkten Vergleich (rot markiert in o. g. Tabelle) der Landkreise wird deutlich, dass die parteipolitische Bindung der Amtsinhaber absolut betrachtet eklatant zurück gegangen ist.[225] Dass es sich hierbei offensichtlich nicht nur um eine lokale Überbetonung handelt, zeigt die Einbeziehung der dazugehörigen Gesamtschnitte: Die jeweiligen Werte der einzelnen Landkreise sind einerseits durchaus repräsentativ für die Grundgesamtheit Badens. Auf der anderen Seite dokumentiert die starke Abweichung der einzelnen Werte der Landkreise vom Landesschnitt nach Wehling, wie markant die politische Kultur in Baden einst nachweisbar war, als er das Baden-Profil postulierte. Betrachtet man sodann den heutigen badischen Schnitt von 53,1 %, hat sich dieser daher stark in Richtung des einstigen Landesschnitts entwickelt. Oder mit anderen Worten: der Grad, den Wehling in den 80er Jahren noch unter Berücksichtigung beider politischer Extreme eruierte, entspricht heutzutage annähernd dem Extremwert badischer (parteipolitischer) Kultur.[226] In Baden hat eine Entwicklung stattgefunden – oder gar im ganzen Bundesland? Hier stellt sich nun die Frage, wie sich diese jüngsten Ergebnisse für Baden in Relation zu *aktuellen* Referenzwerten des gesamten Bundeslandes bzw. Württembergs verhalten.

Liegen die Werte fortwährend über den hochgerechneten Württembergs, kann das Baden-Profil in dieser Teilaussage fortwährend Gültigkeit besitzen.

Haben sich jedoch die Werte des restlichen Landes ihrerseits in Richtung des politischeren / badischen Extrems verschoben, könnte das Delta zwischen beiden Landesteilen derart klein ausfallen, dass ein eigenständiges Baden-Profil nicht aufrechtzuerhalten ist.

---

[225] Der Verfasser erinnert an dieser Stelle, dass nur der Landkreis Breisgau-Hochschwarzwald und der Rhein-Neckar-Kreis vollkommen identisch in Wehlings und dieser Untersuchung waren. Der Landkreis Karlsruhe beinhaltet heutzutage auch württembergisches Territorium - wenn auch nur marginal - und wurde daher hier nicht vollständig in die Untersuchung miteinbezogen.

[226] Wohlwissend um den Umstand, dass Wehlings Monographie hier im Gegensatz zu den beiden vorangegangenen Kapiteln keine Gesamtzahlen für Baden, sondern nur Teilmengen - bezogen auf Kreise – als Referenz zur Verfügung stellt.

Bevor jedoch diese Diskussion erfolgt, will der Verfasser jedoch zunächst die Ergebnisse der Makroanalyse zu den weiteren Facetten der (partei-)politischen Aussage Wehlings würdigen und etwaige Determinanten des Forschungsergebnisses zeigen.

5.1.1 Hintergründe des (partei-)politischen Engagements

Neben der Mitgliedschaft zu einer Partei oder Wählervereinigung wurde, sofern zuvor eine andere Angabe als „parteilos" gemacht wurde, auch der Zeitpunkt und die Intension des Beitritts erforscht. Unter den Respondenten konnten n=210 Angaben verwertet werden. Zwei Drittel der in Parteien oder Freien Wähler-vereinigungen organisierten Amtsinhaber gaben an, diese Mitgliedschaft bereits vor ihrer Erstwahl besessen zu haben.

Wie Abbildung 25 entnommen werden kann, hat das übrige Drittel ihre Mitgliedschaft nach der Erstwahl begründet, wobei hier eine deutliche Mehrheit dies zum Zwecke Kreistagswahl tat. Dieser Wert liegt auf ähnlichem Niveau Wehlings (landesweiter) Erhebung diesbezüglich. Dieser eruierte unter den Parteimitgliedern einst 23,5 %, die zum Zwecke des Kreistagsmandats in die Partei eintraten.[227] Auch hier zeigt sich nun das bereits aus der vorherigen Betrachtung bekannte Bild: Das heutige, mutmaßlich politischere

[227] Wehling/Siewert (1984), S. 73.

Baden entspricht in seinem Mittel dem einstigen Landesschnitt in den 1980er Jahren.

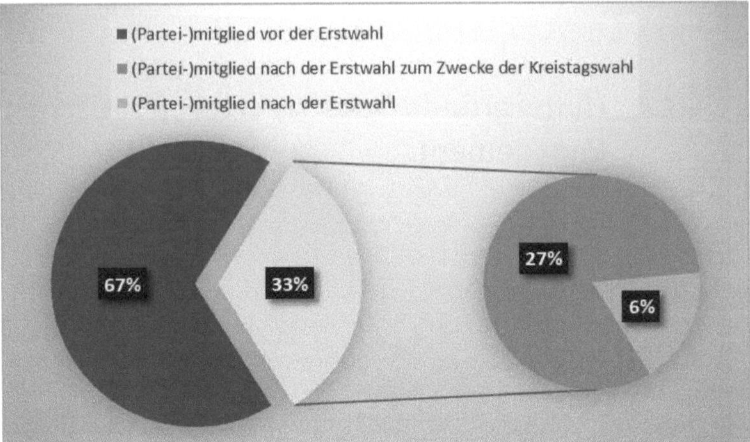

Abbildung 24: *Zeitpunkt und Umstände des Eintritts in eine Partei oder Wählervereinigung badischer Bürgermeister (Quelle: Eigene Erhebung, Frage 5).*

5.1.2 Profilierte Funktion / Stellung innerhalb der Partei

Unter den (hier vornehmlich nun *partei-*) politisch engagierten Amtsinhabern wurden in offener Fragestellung etwaige Parteifunktionen oder gar Mandatshintergründe erhoben. Naturgemäß erhält man hieraus einen äußerst diversen Rücklauf. Diesen zu verdichten, ohne dabei die Aussagekraft der Daten zu schmälern, ist anspruchsvoll und muss höchst sensibel erfolgen.

Die größte Herausforderung des in diesem Fragekomplex zugrundeliegenden Datenmaterials war es, dass zahlreiche Respondenten Mehrfachnennungen unterschiedlichen „Rangs“ abgaben. Zur Verdichtung der Daten hat sich der Verfasser daher folgendem, dreistufigen (S1-S3) Prinzips bedient, anhand derer die Einzelfälle in Reihenfolge gruppiert wurden:

S1: Hauptamt vor Ehrenamt: Hauptamtliche Tätigkeiten (z. B. Partei-Geschäftsführer) vor Ehrenämtern (z. B. Beisitzer im Vorstand);

S2: Ortsnah vor Ortsfern: Lokale Engagements (z. B. im Stadt- bzw. Ortsverband) vor regionalen, ferneren Engagements (z. B. im Landes- oder Kreisverband);

S3: Parteiengagement vor kommunalpolitischem Engagement: Funktionen in einer Partei (z. B. Vorstandsmitglied) vor Gemeinderatstätigkeit

Seine Begründung erfährt das o. g. Schema aus Wehlings Ausführungen[228] zu den profilierten, parteinahen Amtsinhabern selbst: Dabei stellte er jederzeit nur auf parteipolitische Funktionen ab, eine Berücksichtigung kommunalpolitischer Ehrenämter erfolgte in diesem Zusammenhang nie (Begründung zu S3). Auch im Zusammenhang mit der Teilaussage zur amtsortgleichen Herkunft, stand nach Wehling stets das ortspolitische und nicht ein ferneres / höheres Engagement im Vordergrund (Begründung zu S2). Ferner kommt seiner These der profilierten Parteipolitiker in Baden konsequenterweise noch viel größeres Gewicht bei, wenn sie denn ihrer politischen Überzeugung gar auf hauptamtlicher Basis nachgehen (Begründung zu S1). Der Verfasser sieht daher in der gewählten Systematik eine durch Wehlings Ausführungen legitimierte Methode. Bei Mehrfachnennungen war stets die stufenhöchste (S1 > S2 > S3) Angabe ausschlaggebend für die Einordnung.

[228] Siehe hierzu die Ausführungen in den Unterkapitel 2.2 und auch 2.3.1..

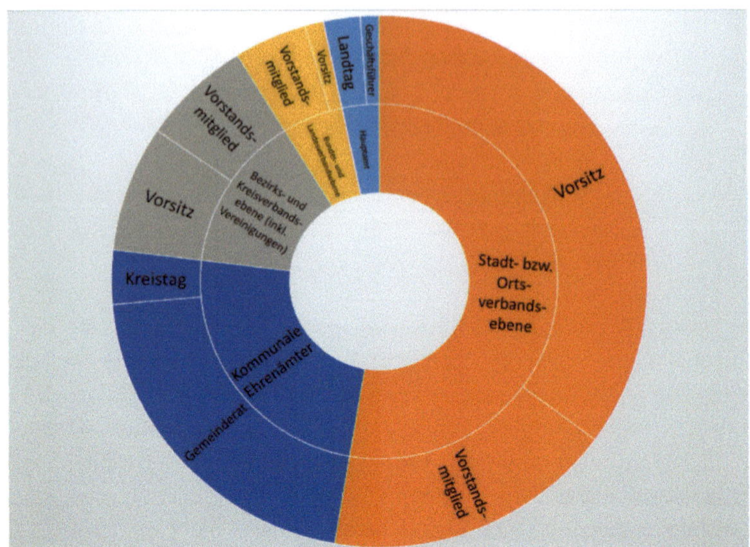

Abbildung 25: *Übersicht der n=91 Bürgermeister in Baden mit profilierten (partei-) politischen Funktionen und Mandaten (Quelle: Eigene Erhebung, Frage 6).*

Geht man nun die einzelnen Angaben entsprechend der eben skizzierten Systematik durch, sind die Angaben derer, die sich hauptamtlich der (Partei-)Politik widmen mit 3,3 % marginal. Die im Zusammenhang mit dem Baden-Profil zweitbedeutsamste Gruppe sind die Vorsitzenden und / oder Vorstandsmit-glieder in den Stadt- bzw. Ortsverbänden. Diese Gruppe stellt innerhalb der (partei-) politischen Amtsinhaber mit 52,8 % (in Abbildung 26 orange markiert) die absolute Mehrheit, wobei innerhalb dieser Gruppe zwei von drei Bürgermeistern gar den Vorsitz bekleideten. Auf den Plätzen folgen danach Amtsinhaber, die im Zusammenhang dieser Thesis „nur" Vorsitzender bzw. Vorstandsmitglied im Bezirks- oder Kreisverband (14,3 %) bzw. auf Bundes- oder Landesverbandsebene (5,5 %) sind. Auffällig ist weiter, dass die kommunalen „Mandate" in Gemeinderäten und Kreistagen in dieser Erhebung mit 24,2 % die zweitgrößte Gruppe stellen. Da in dieser Arbeit jedoch die (partei-) politische Komponente des Baden-Profils auf dem Prüfstand steht, sollen die Angaben zu kommunalen Gremienaktivitäten nicht weiter berücksichtigt werden.

Besonderes Augenmerk soll innerhalb dieses Aspekts auf die Altersstruktur als Kontextfaktor gelegt werden. Wehling erforschte 1984 einen höheren Altersdurchschnitt unter den badischen Amtsinhabern. Eine mögliche Erklärung sah Wehling *eben in jener* Tradition der Wahl verdienter Parteifunktionäre, denn diese Funktion erreiche „man nicht schon im zarten Alter“[229]. Allerdings ließ sich dieser Effekt in der Erhebung nicht wiederfinden: Mit 48 Jahren und einem Monat waren diese verdienten Parteipolitiker[230] aber über zwei Jahre jünger als der durchschnittliche, badische Bürgermeister. Dies ist umso beachtlicher, da Studien wie die von Wißkirchen bereits einen landesweit steigenden Altersdurchschnitt unter den Amtsträgern ermittelte.[231] Von daher entwickelt dieser Deutungsansatz Wehlings heutzutage kaum mehr Relevanz.[232]

5.1.3 Der Exponent der stärksten politischen Kraft im Ort

Von 320 Respondenten haben 310 Bürgermeister Angaben zu der Zusammensetzung ihres Gemeinderats gemacht.[233] Dabei gaben sie

---

[229] Wehling/Siewert (1984), S. 62.

[230] Hier definiert nach der Summe aller Vorsitzenden und Vorstandsmitglieder auf Stadt- und Ortsverbandsebene, ergänzt um die Parteimitglieder im Hauptamt (MdL u. ä.).

[231] Wißkirchen (2001), S. 26. So ermittelte Wißkirchen bereits Anfang des Jahrtausends ein Durchschnittsalter von 47,7 Jahren. Wehling gab in seiner Monographie noch als Schnitt 43,5 Jahre an.

[232] Zumal diese Facette nie mit Zahlen seitens Wehlings beleghaft gemacht wurde.

[233] Von einer nachträglichen Online-Recherche der fehlenden Angaben sah der Autor ab, da der zeitliche Abstand zur Kommunalwahl im Jahr 2014 zum Zeitpunkt dieser Arbeit mehr als vier Jahre betrug. Im Einzelfall ist daher nicht auszuschließen gewesen, dass sich in der Zwischenzeit Fraktionszugehörigkeiten änderten. Da auch Internetpräsenzen der Kommunen nicht stets topaktuell gepflegt sind, erschien es nicht gerechtfertigt, die Daten manuell nach zu erheben. Daher wird einzig auf die Angaben der Bürgermeister als Vorsitzende dieses Gremiums zurückgegriffen.

zum einen die an der Sitzzahl gemessen stärkste(n) Fraktion(en) / Liste(n) an, zum anderen auch die Gesamtzahl der Sitze im Gremium.

Unter der „politischen Kraft im Ort“ werden im Folgenden die Partei im klassischen Sinn, aber auch Wählervereinigungen subsumiert. Damit wird der besonderen Rolle der Wählervereinigungen im Kommunalgeschehen, wie eingangs des Kapitels 5 beschrieben, Rechnung getragen. Zur Definition der Stärke bezieht sich der Autor auf das in der Erhebung erfasste Stimmen- bzw. Sitzzahlverhältnis im Gemeinderat.

Demnach gibt es zwei Konstellationen, auf die im Folgenden eingegangen wird:

- Exponenten *der alleinigen, stärksten* Partei / Wählervereinigung (Ex_1)
- Exponenten *einer der stärksten* Parteien / Wählervereinigungen (Ex_2)

Aus den Forschungsdaten konnte demnach ausgemacht werden, dass bei n=310 Kommunen in 40,3 % der Fälle, die Parteizugehörigkeit des Bürgermeisters in Baden deckungsgleich mit *der* oder zumindest *einer der* stärksten Fraktionen / Listen im Gremium ist. 29,7 % der badischen Bürgermeister sind gar Exponent der *alleinigen*, stärksten politischen Kraft im Ort. Diese alleinige, politische Kraft in eben jener Konstellationen stellt im Durchschnitt 43,9 % der Sitze im Gremium. Ist die politische Kraft gleichrangig mit weiteren politischen Strömungen, stellt sie dennoch immer noch im Schnitt 42,3 % der Sitzzahl im Gemeinderat.

Die Ergebnisse zeigen fortwährend, dass in mehr als ¾ der Fälle, der Exponent der stärksten politischen Kraft ein Repräsentant der Christdemokraten ist. Die parteipolitischen Zusammensetzungen dieser Fall-Konstellationen setzen sich wie in Tabelle 15 dargestellt zusammen:

Konstellation	CDU	Freie Wähler	SPD	GRÜNE	parteilos
Ex_1 (n=92)	78,3 %	13,0 %	2,2 %	1,1 %	5,4 %
Ex_2 (n=33)	72,7 %	18,2 %	9,1 %	0,0 %	0,0 %
GESAMT (n=125)	**76,8 %**	**14,4 %**	**4,0 %**	**0,8 %**	**4,0 %**

Tabelle 15: (Partei-)Politische Zusammensetzung bei den Fallkonstellationen Exponent der stärksten (Ex1) bzw. einer der stärksten (Ex2) politischen Kräfte im Ort in Baden. (Quelle: Eigene Erhebung, Frage 7).

Damit bestätigt sich Wehlings Feststellung, dass von der politischen Kultur in Baden vornehmlich die CDU profitiert. Offen bleibt die Bedeutung des zeitgeschichtlichen Aspekts, wie in Unterkapitel 2.3.1 ausgeführt, wonach die starke parteipolitische Prägung – d. h. der Zuspruch der CDU – in vornehmlich katholisch geprägten Regionen zu finden wäre.

Referenzwerte zur Korrelation aus katholischer Prägung und CDU Dominanz konnten Wehlings Quelle nicht entnommen werden. Deshalb wird die graphische Darstellung der Konfessionsschwerpunkte des Zensus nach Landkreisen den Untersuchungsergebnissen sensibel gegenübergestellt.

Der Zensus wies dabei die Landkreise Main-Tauber-Kreis, Neckar-Odenwald-Kreis, Rastatt, Ortenaukreis, Waldshut, Bodenseekreis und Sigmaringen als mit absoluter Mehrheit katholisch geprägte Kreise aus.

Nimmt man nun die n=96 Fälle, in denen sich der christdemokratische Bürgermeister auch einer absoluten oder relativen CDU-Mehrheit im Gremium gegenübersieht und legt diese über die Karte der Konfessionsverteilungen, erhält man Abbildung 27[234].

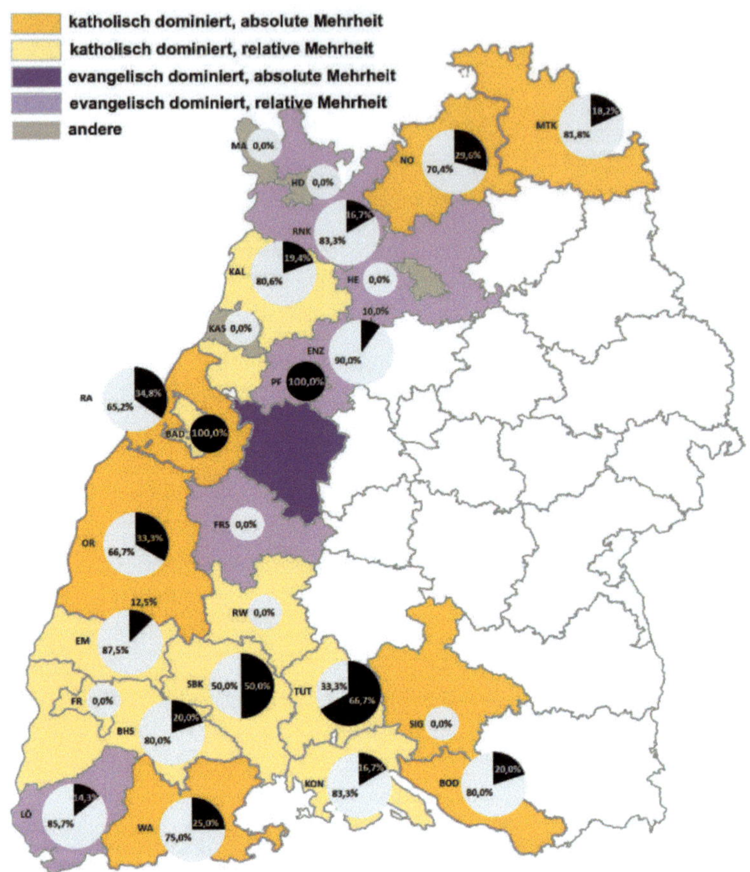

Abbildung 26: *Verteilung der Konfessionsmehrheiten in Baden auf Basis des Zensus mit Darstellung des Anteils der Exponenten der stärksten politischen Kraft (schwarz: CDU) im Verhältnis zur Gesamtzahl der untersuchten Kommunen. (Quelle: Eigene Darstellung/Erhebung in Anlehnung an den Zensus, Datengrundlage https://ergebnisse.zensus2011.de/).*

---

234 Dabei ist beachtlich, dass die prozentuale Angabe von CDU-CDU-Konstellationen im Verhältnis zur Gesamtzahl der in diesem Kreis untersuchten Kommunen gesetzt wurde.

Betrachtet man zunächst die Extremwerte (0 % und 100 %), sei darauf hingewiesen, dass es sich dabei entweder um Stadtkreise oder Landkreise mit sehr geringer Kommunenzahl in der Erhebung handelt. Ihre Werte sollen, genauso wie der Landkreis Tuttlingen aufgrund geringer Fallzahl daher nicht weiter in die Analyse mit einbezogen werden. Betrachtet man danach die Landkreise absolut dominierender katholischer Prägung (d. h. nun ohne Sigmaringen), liegt deren Schnitt an CDU-Exponenten bei 26,8 %. Die Landesteile mit relativer, mehrheitlich katholischer bzw. evangelischer Prägung[235] liegen mit ihrem Anteil von 23,7 % bzw. 13,7 % erwartungsgemäß gestaffelt darunter.

Demnach ist die von Wehling beschriebene Korrelation aus katholischer Prägung und politischer Bedeutung der Christdemokraten dank eindeutiger Tendenz nach wie vor nachweisbar: Umso katholischer die Prägung, desto stärker der Anteil an christdemokratischen Bürgermeistern in Baden mit absoluter bzw. relativer CDU-Mehrheit im Rat.

5.1.4 Diskussion und Zusammenfassung der Makroanalyse

Damit heutige Bürgermeister innerhalb der historischen Grenzen Badens der parteipolitischen Teilaussage Wehlings vollumfänglich entsprechen, muss die gesuchte Menge der Amtsinhaber zusammenfassend folgende Kriterien erfüllen:

- *Mitgliedschaft* wahlweise einer Partei oder Wählervereinigung (k_1) *vor* der Erstwahl (k_2);
- *Exponent* der oder einer der stärksten politischen Kraft im Ort (k_3)
- Bekleidung einer Funktion oder eines Mandats, dass den Tatbestand des *profilierten Politikers im Ort* (k_4) erfüllt;

Wendet man nun jene Kriterien sensibel der Reihenfolge nach auf die Gesamtmenge der n=320 Respondenten an, erhält man einem

[235] Jeweils ohne die Extremwerte 0 % und die Bereiche von 66 % – 100 %.

ersten Schritt nach Ausschluss der n=110 von Parteien und Wählervereinigungen vollkommen unabhängigen Bürgermeistern noch einen Anteil von k_1=65,6 % badischer Schultes. Entnimmt man sodann die Menge n=67, die sich erst nach ihrer Wahl zu einer Partei oder Wählervereinigung zugehörig erklärten, verbleiben noch k_2=44,7 %. Im nächsten Schritt bedarf es zunächst einer Entscheidung, welche Definitionsmenge der Exponenten zur Annäherung an den Stereotyp mit Baden-Profil gewählt wird. Wohlgemerkt konnten drei Teilmengen in Unterkapitel 5.1.3 skizziert werden:

Exponenten *der stärksten* politischen Kraft mit *absoluter* Mehrheit, mit *relativer alleiniger* Mehrheit oder *einer der stärksten* politischen Kräfte. Für den weiteren Fortgang dieser Untersuchung versteht der Verfasser unter der stärksten politischen Kraft nur jene Konstellationen mit *absoluter* oder *relativer, alleiniger* Mehrheit.

Danach werden weitere n=82 Bürgermeister definitionsgemäß nicht weiter berücksichtigt, der Anteil sinkt auf nunmehr k_3=19,1 %.

Von diesen Bürgermeistern bekleideten wiederum n=43 zuvor gar keine oder keine adäquate Funktion innerhalb ihrer Organisation, die den Tatbestand des profilierten Politikers nach Meinung des Autors erfüllt. Zusammenfassend kann daher konstatiert werden, dass der badische Bürgermeister nur in k_4=5,6 % der Fälle vollumfänglich der Blaupause Wehlings parteipolitischer Aussage in all ihren Facetten entspricht. Diese Teilmenge wird im Folgenden mit t_{31} umschrieben.[236]

Teilmenge t_{31}: (partei-)politische Bürgermeister im engeren Sinne des Baden-Profils: **5,6 %**

Abbildung 27: *Infografik Teilmenge t31.*

Wie in der Einleitung dieses Kapitels bereits erläutert, wird der Verfasser der sehr streng mit allen Facetten des Baden-Profils bedachten Teilmenge t_{31} eine weiter gefasste Teilmenge (t_{32}) behelfsmäßig zur Seite stellen. Diese wird wie folgt definiert: Allein der Anteil

Teilmenge t_{32}: Bürgermeister mit Parteimitgliedschaft ohne die FW: **53,1 %**

Abbildung 28: *Infografik Teilmenge t32.*

[236] Möchte man diese hoch angesetzten Ausschlusskriterien, die zu t_{31} führten, nicht wählen, kann man sich zur Neudefinition einer anderen Teilmenge einer der oben schrittweise transparent herausgearbeiteten Referenzwerte bedienen.

der badischen Bürgermeister mit reiner Parteimitgliedschaft, d. h. ohne die Vertreter der Freien Wähler; dies entspricht bei n=170 einem Anteil von knapp über der Hälfte (53,1 %) unter allen badischen Bürgermeistern. Aufgrund seiner Definition eignet sich diese Teilmenge t_{32} ideal für spätere, dichotome Gegenüberstellungen.[237]

5.2 Mikroanalyse und mögliche Determinanten

In den folgenden Unterkapiteln werden – im Interesse der Vergleichbarkeit – erneut die sechs bekannten möglichen Determinanten überprüft.

In Würdigung der Ausführungen Wehlings zur besonderen Rolle der Konfliktlinie Kirche und Staat[238] in Zusammenhang der parteipolitischen Aussage des Baden-Profils, wird in diesem Kapitel auch die konfessionelle Prägung der Landkreise hinsichtlich eines determinierenden Effekts ergänzend untersucht.

5.2.1 Rechtsstellung

Amtsinhaber, die in allen Facetten das Baden-Profil hinsichtlich der parteipolitischen Aussage erfüllen, üben ihr Amt hauptberuflich aus. Dies ist beachtlich, sah doch Wehling in der langen Tradition ehrenamtlicher Bürgermeister in Baden eine historische Begründung für eben diese parteipolitische Prägung an. Diese ist mit den vorliegenden Zahlen nicht mehr haltbar.

Weitet man den Blick an dieser Stelle auf badische Amtsinhaber, die „nur“ Mitglied einer Partei sind, finden sich trotz des weiter

---

[237] Im Gegensatz zur vorherigen Betrachtungsweise, werden Bürgermeister der Freien Wählervereinigungen ab diesem Zeitpunkt in der Teilmenge t_{32} nicht mehr als parteipolitische Bürgermeister definiert. Dies geschieht zu Gunsten der Möglichkeit einer sauberen dichotomen Gegenüberstellung mit dem Rest des Landes – mutmaßend, dass eine solche Über-prüfung im württembergischen Landesteil Freie-Wähler-Konstellationen nicht als Parteimitgliedschaften werten würde.

[238] Siehe hierzu die Ausführungen in Unterkapitel 2.3.1..

gefassten Begriffs nur vier Fälle darunter, was 2,4 % entspricht und nah am badischen Schnitt von 4 % liegt. Bemerkenswert: Alle vier ehrenamtlichen Schultes sind CDU-Mitglieder. Dennoch handelt es sich nach Überprüfung um keinen signifikanten Zusammenhang.[239]

5.2.2 Kommunengröße nach Einwohner

Stellt man innerhalb einer potentiellen der Einwohnerzahl-Determinante den durchschnittlichen[240] Amtsinhaber der parteipolitischen Teilaussage des Baden-Profils den badischen Durchschnitts-Bürgermeister gegenüber, widmet sich der (partei-)politische Schultes den Anliegen von knapp 3.000 Einwohnern mehr als sein Kollege in Baden: Sie leiten daher die Geschicke von Kommunen mit im Schnitt 13.100 Einwohnern, der badische Durchschnittskollege kommt auf 10.400 Einwohner. Dieser auf den ersten Blick recht deutliche Unterschied und Trend kann jedoch in der Visualisierung des Forschungsergebnisses der Abbildung 30 nicht unmittelbar abgelesen werden. Unter den bekannten Einwohnerkategorien finden sich besonders die Amtsinhaber im engeren Sinne des Baden-Profils eher im Bereich der Kommunen mit 2.000 bis 10.000 Einwohnern.

---

[239] Bei einem Signifikanzniveau von 5 %, p=0,95, entspricht der kritische Wert bei einem Freiheitsgrad 3,84. χ^2 (empirischer Wert) liegt mit 0,99 unterhalb des kritischen Wertes. Die Null-Hypothese „kein Zusammenhang“ wird angenommen.

[240] Durchschnittlich heißt in der Mikroanalyse stets basierend auf dem Mittelwert.

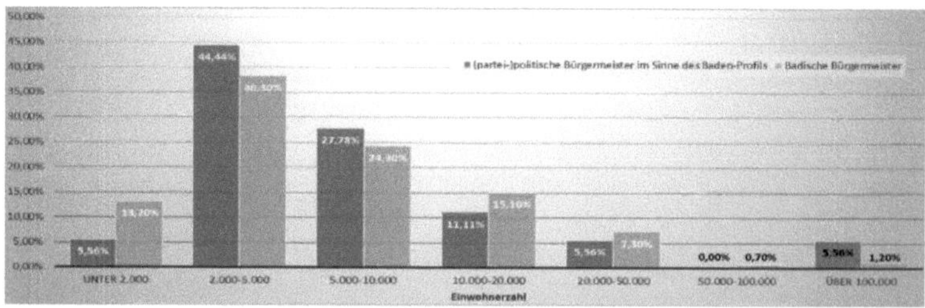

Abbildung 29: *Gegenüberstellung (partei-)politischer Bürgermeister im Sinne des Baden-Profils (n=18) und badischer Bürgermeister (n=423) nach Einwohneranzahl ihrer Kommunen (Quelle: Eigene Erhebung).*

Dieses zahlenmäßig auffällige Delta kann mit der Kombination aus geringer Fallzahl (n=18), bei gleichzeitigem Auftreten eines Extremwerts erklärt werden: Mit dem Oberbürgermeister der Stadt Pforzheim befindet sich in der Teilmenge t_{31} ein Respondent, der einer rund 120.000 Einwohner starken Großstadt vorsteht. Dieser Extremwert nimmt bei der Berechnung des Mittelwerts starken Einfluss, so würde die Teilmenge bspw. ohne jenen Oberbürgermeister nur noch einen Schnitt von rund 6.700 Einwohnern im Ergebnis führen. Eine Signifikanzberechnung entbehrt sich aus vorgenannten Gründen daher an dieser Stelle.

Hier erweist es sich daher als sinnvoll, dass zuvor in der Makroanalyse eine weitere Teilmenge t_{32} der Amtsinhaber mit Parteimitgliedschaft eruiert wurde, die nun im Folgenden herangezogen werden kann.

Abbildung 31 zeigt bei Kommunen bis 5.000 Einwohnern einen unter-, bzw. ab 5.000 Einwohnern einen überdurchschnittlichen Anteil an Parteimitgliedern unter den Bürgermeistern. Wenngleich eine Tendenz rund um den Schwellenwert von 5.000 Einwohnern jeweils in die eine oder andere Richtung erkennbar ist, lässt sich eine statistische Signifikanz daraus nicht ableiten.[241]

---

[241] Bei einem Signifikanzniveau (α) von 5 %, p=0,95, entspricht der kritische Wert bei vier Freiheitsgraden 9,49. Die Einwohner-Kategorien über 20.000 Einwohner wurden zur Vermeidung von rechnerischen Fehlern in eine Variable überführt. χ^2 (empirischer Wert) liegt mit 2,69 unterhalb des kritischen Wertes. Die Null-Hypothese „kein Zusammenhang" wird angenommen.

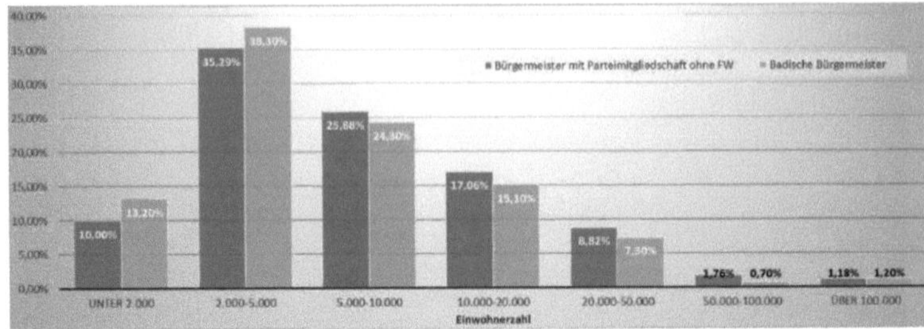

Abbildung 30: *Gegenüberstellung der Bürgermeister mit Parteimitgliedschaft ohne die FW (n=170) und badischer Bürgermeister (n=423) nach Einwohneranzahl ihrer Kommunen (Quelle: Eigene Erhebung).*

5.2.3 Altersstruktur

Die Teilmenge der (partei-)politischen Bürgermeister im Sinne des Baden-Profils ist mit knapp sechs Jahren erheblich jünger, als die Gesamtmenge aller badischen Amtsinhaber.

Abbildung 32 kann entnommen werden, dass der Anteil der Teilmenge t_{31} unter 45 Jahren regelmäßig über, über 45 Jahren wiederum unter dem badischen Durchschnitt liegt. Besonders die Altersgruppe der Amtsinhaber zwischen 35 und 44 Jahren unterscheidet sich im Delta von 22,5 % eklatant.

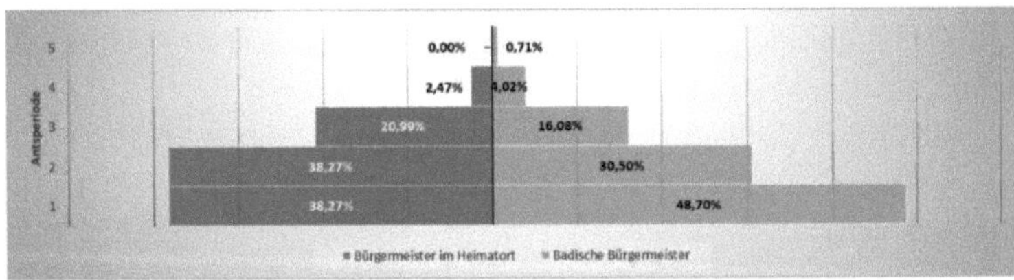

Abbildung 31: *Alterspyramide der (partei-)politischen Bürgermeister im Sinne des Baden-Profils (n=18) und aller badischen Bürgermeister (n=420) nach Alterskategorien (Quelle: Eigene Erhebung, Frage 1).*

Der Mittelwert des Alters der (partei-)politischen Bürgermeister liegt zum Erhebungszeitpunkt bei 44 Jahren und 9 Monaten; der durchschnittliche Bürgermeister in Baden im Vergleich bei 50 Jahren und 2 Monate.[242] Aus mathematischen Gründen[243] macht ein χ^2-Test an dieser Stelle keine profunden Aussagen, weswegen auf ihn verzichtet wird.

Da dieser statistische Signifikanztest nicht zielführend ist, ist der Blick auf die Teilmenge der einzig Parteien angehörigen Bürgermeister umso aufschlussreicher.

Der Vergleich dieser Teilmenge t_{32} mit dem badischen Durchschnitt, offenbart in Abbildung 33 eine annähernd identische

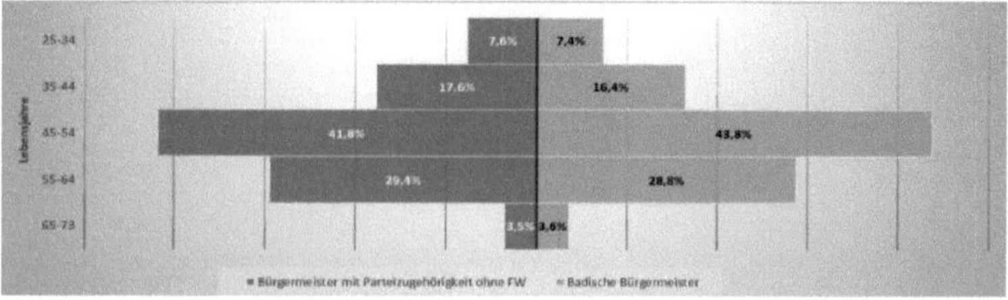

Abbildung 32: *Alterspyramide der Bürgermeister mit Parteimitgliedschaft ohne die FW (n=170) und aller badischen Bürgermeister (n=420) nach Alterskategorien (Quelle: Eigene Erhebung, Frage 1).*

Normverteilung. Das Delta der verschiedenen Alterskategorien differiert um maximal 2 %.

Der χ^2-Test[244] bestätigt, dass zwischen dem Merkmal der Parteizugehörigkeit und dem Alter kein signifikanter Zusammenhang besteht.

Fest zu halten bleibt jedoch: umso mehr sich das Merkmal der (partei-)politischen Nähe der strengen Definition des Badens-Profils nähert, desto mehr verschiebt sich die Alterspyramide in Richtung der jüngeren Altersgruppen. Oder einfacher gesagt: Umso jünger der

---

[242] Diese Angaben können aus den Mittelwertberechnungen abgeleitet werden.

[243] Aufgrund der geringen Fallzahl und der hohen Anzahl an Freiheitsgraden ist die Zahl der erwartbaren Häufigkeiten regelmäßig unter der kritischen Schwelle von fünf Fällen. Eine Berechnung wäre zwar mathematisch lösbar, jedoch ginge die Aussagekraft gegen null.

[244] Bei einem Signifikanzniveau von 5 %, p=0,95, entspricht der kritische Wert bei vier Freiheitsgraden 9,49. χ^2 (empirischer Wert) liegt mit 0,25 unterhalb des kritischen Wertes. Die Null-Hypothese „kein Zusammenhang“ wird angenommen.

Amtsinhaber, desto höher der Grad der Erfüllung der parteipolitischen Aussage des Baden-Profils.

5.2.4 Amtsdauer

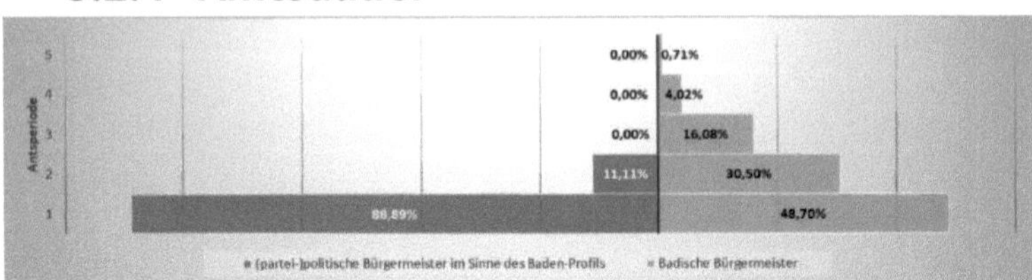

Abbildung 33: *Gegenüberstellung der (partei-)politischen Bürgermeister im Sinne des Baden-Profils (n=18) und badischer Bürgermeister (n=423) anhand deren Amtsdauer in ihrer aktuellen Kommune (Quelle: Eigene Erhebung).*

Im Mittelwert beträgt die Amtsdauer des (partei-)politischen Bürgermeisters im Sinne des Baden-Profils drei Jahre, sein badisches Pendant bringt es dahingegen auf neun Jahre. Dies legt die Vermutung nahe, dass insbesondere in jüngster Zeit Bewerber mit ausgeprägter (partei-)politischer Vita gewählt wurden.

Abbildung 34 zeigt dies eindrucksvoll auf, wonach sich annähernd neun von zehn Bürgermeistern der Teilmenge t_{31} in ihrer ersten Amtszeit befinden. Auch hier scheitert eine Signifikanzrechnung aus den bereits im vorherigen Unterkapitel benannten Gründen, ersatzweise wird deshalb auch hier wieder die „abgeschwächte" Teilmenge badischer Bürgermeister einzig mit Parteimitgliedschaft bemüht.

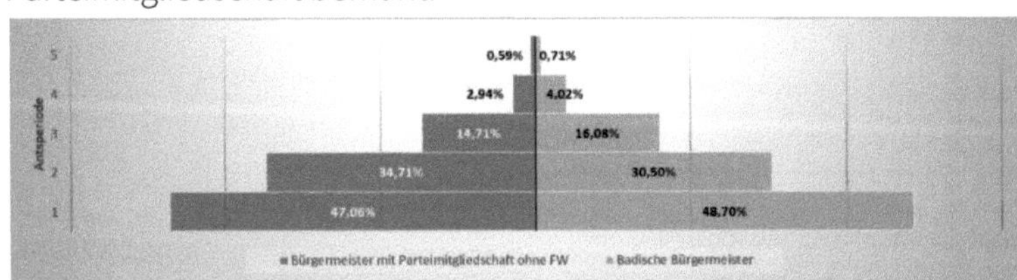

Abbildung 34: *Gegenüberstellung der Bürgermeister im Heimatort (n=81) und badischer Bürgermeister (n=423) anhand deren Amtsdauer in ihrer aktuellen Kommune (Quelle: Eigene Erhebung).*

Abbildung 35 zeigt denselben Effekt, der bereits bei der Determinante des Alters zu beobachten war: die Heranziehung eines weniger strengen Ansatzes bevorteilt die Entwicklung hin zur Normverteilung.

Oder in einfachen Worten: Umso jünger der Amtsinhaber nicht nur an Lebens- sondern auch an Amtsjahren, desto höher der Grad der Erfüllung der parteipolitischen Aussage des Baden-Profils.

5.2.5 Geschlechterverteilung

Die (partei-)politischen Bürgermeister im Sinne des Baden-Profils sind ausnahmslos männlichen Geschlechts. Bei den Bürgermeistern einzig mit Parteizugehörigkeit – ohne die Freien Wählervereinigungen – beträgt der Anteil der Amtsinhaberinnen 5,9 %. Erwartungsgemäß reicht dies nach χ^2-Berechnung nicht aus, um eine signifikante Abhängigkeitskonstellation zwischen Geschlecht und parteipolitischer Nähe zu begründen.[245]

[245] Bei einem Signifikanzniveau von 5 %, p=0,95, entspricht der kritische Wert bei einem Freiheitsgrad 3,84. χ^2 (empirischer Wert) liegt mit 1,03 unterhalb des kritischen Wertes. Die Null-Hypothese „kein Zusammenhang" wird angenommen.

5.2.6 Geographische Verteilung und regionale Ballungszentren

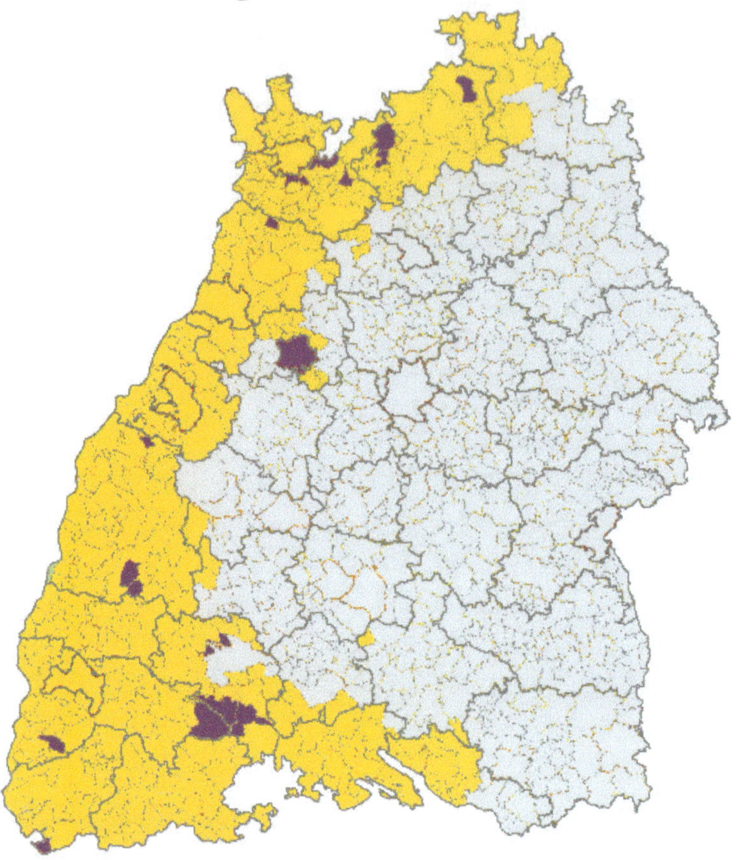

Abbildung 35: *Übersicht der Bürgermeister, die die parteipolitische Teilaussage im Sinne des Baden-Profils erfüllen (rosa markiert; n=18), historisches Baden in Gelb visualisiert (Quelle: Eigene Erhebung und Darstellung)*

Betrachtet man in Abbildung 36 die (partei-)politischen Bürgermeister im Sinne des Baden-Profils und deren geographische Verteilung in Baden, lassen sich unmittelbar keine Besonderheiten daraus ablesen.

Weder können enge, räumlichere Zusammenhänge erschlossen werden, d. h. keine Ballungsräume dieser Fallkonstellationen eruiert werden, noch ist eine Auffälligkeit in der Verteilung auf der Nord-Süd-Achse erkennbar.

Letztlich kann auch in der Ost-West-Verteilung, d. h. im „Landesinnern“ im Verhältnis zu den „Grenzgebieten“ zum anderen Teil des Bundeslands, keine offensichtliche Besonderheit ausgemacht werden. Deswegen weitet der Autor seinen Blick auch hier auf die abgeschwächtere Form der parteipolitischen Bürgermeister, visualisiert in Abbildung 37, aus: auch hier verteilt sich der Anteil der Bürgermeister mit Parteimitgliedschaft auf den ersten Blick recht gleichmäßig. Bei genauerer Betrachtung gewinnt man jedoch den Eindruck, dass am nördlichen Ende des historischen Badens, im Neckarodenwald- bzw. im Übergang zum Main-Tauber-Kreis (N1), im Grenzbereich der Landkreise Rastatt und der Ortenau (W1), sowie im südlichen Schwarzwald (S1) eine höhere Konzentration optisch vermutet werden kann.

Ballungsräume des Merkmals „Bürgermeister mit Parteimitgliedschaft“	Dichte (Fälle je Kilometer)	Anteil der CDU-Bürgermeister
Ballungsraum W2 „Südliche Ortenau“	1,16	69,0 %
Ballungsraum S1 „Südlicher Schwarzwald“	0,96	95,8 %
Ballungsraum W1 „Nördl. Ortenau/Kreis Rastatt“	0,92	95,7 %
Ballungsraum N1 „Neckarodenwald-Main-Tauber“	0,76	84,2 %

Tabelle 16: Ballungsräume des Merkmals „Bürgermeister mit Parteimitgliedschaft“ (n=170) bei r=25 Kilometern mit einem Wert von mehr als 0,5 Fällen je Kilometer Luftlinie (Quelle: Eigene Erhebung, Frage 4).

Unter Zuhilfenahme des schon in den vorherigen Kapiteln benutzten Hilfsinstruments der Ballungsräume mit einem Radius von r=25 Kilometern, können diese Vermutungen in Tabelle 16 bestätigt werden.

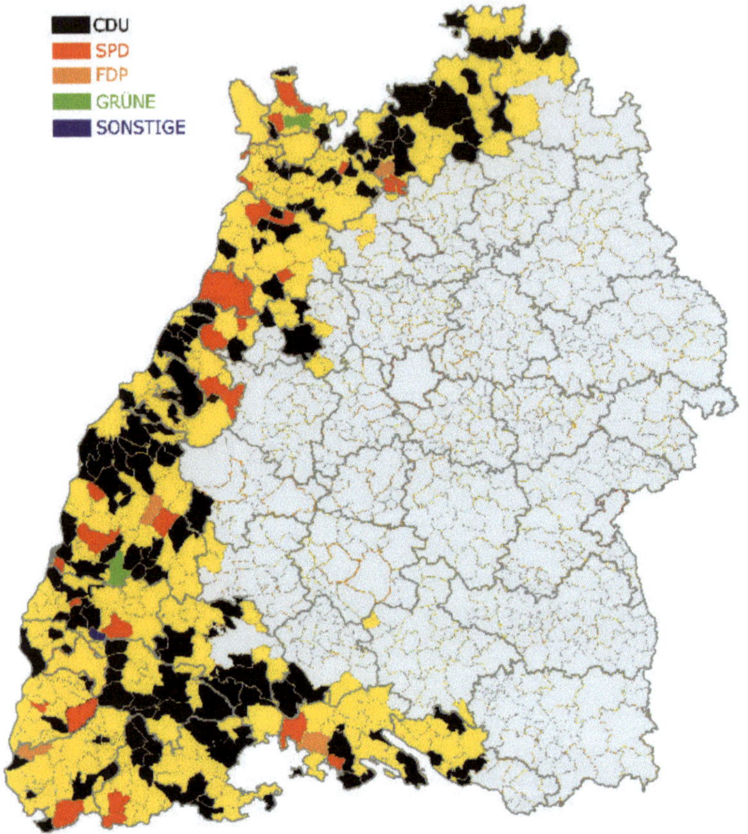

***Abbildung 36**: Übersicht der Bürgermeister (n=170), die innerhalb der Erhebung eine Mitgliedschaft in einer Partei angaben; historisches Baden und Fehlanzeige in Gelb. (Quelle: Eigene Erhebung und Darstellung).*

Bei der Auswertung[246] fiel auf, dass im Bereich der südlichen Ortenau gar ein zweiter Ballungsraum (W2) rechnerisch nachgewiesen werden konnte, der mit seiner Dichte gar alle vorgenannten engeren, räumlichen Zusammenhänge überflügelt. Danach folgen auf den Plätzen eben jene Ballungsräume wie vermutet.

Unter den Respondenten innerhalb der Ballungsräume, die erklärten Mitglied einer Partei zu sein, gaben im Schnitt 80 % die Zugehörigkeit zur CDU an. Bemerkenswert ist auch, dass unter drei der vier o. g. engeren, räumlichen Zusammenhänge die CDU teils weit überdurchschnittlich vertreten ist. So liegt die Vermutung nahe, dass jene Ballungsräume nicht nur sehr politisch charakterisiert werden können, sondern überdies auch sehr konservativ geprägt sind.

Dabei gilt es zu unterstreichen, dass diese geographische Verortung nicht die parteipolitische Neigung oder gar die Wahl einer speziellen Partei determiniert, als vielmehr nur visualisiert, wo räumliche Besonderheiten innerhalb der historischen Grenzen Badens verortet werden können.

Die eruierten geographischen Ballungsräume werden daher im Unterkapitel 5.2.7 hinsichtlich der konfessionellen Prägung einzelner Landstriche untersucht.

5.2.7 Konfessionelle Prägung nach Landkreisen

In Unterkapitel 5.1.3 konnte im Wege der Makroanalyse der Teilmenge von CDU-CDU-Konstellationen aus Bürgermeistern und absoluter bzw. relativer Gemeinderatsmehrheit bereits gezeigt werden, dass mit zunehmender katholischer Prägung diese Konstellation häufiger auftritt. Im Vorfeld der daran anschließenden Mikroanalyse wurden zwei Sozialprofile hinsichtlich der parteipolitischen Teilaussage definiert, die sich von dem im Rahmen des Unterkapitels 5.1.3 untersuchten Aspekts unterscheiden.

[246] Die mit den Ballungsräumen versehene Karte der Abbildung 37 ist der Anlage 11 beigefügt.

Daher soll nun abschließend untersucht werden, inwiefern die konfessionelle Prägung laut Zensus (Abbildung 38), insb. hier der katholisch dominierten Landkreise, das Zustandekommen des parteipolitischen Bürgermeisters im engeren Sinne des Baden-Profils

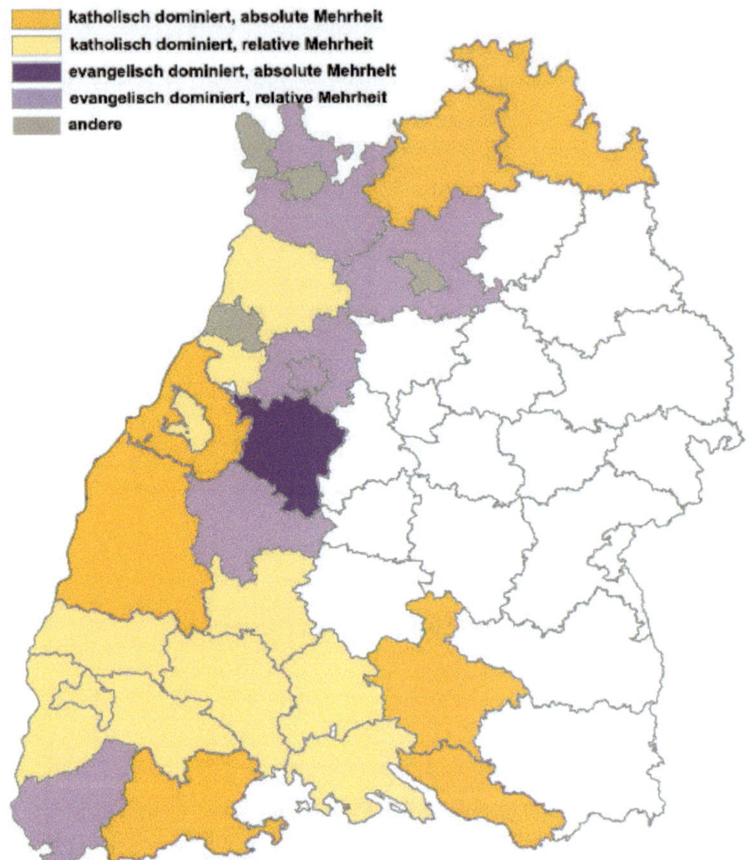

Abbildung 37: *Verteilung der Konfessionsmehrheiten in Baden auf Basis der Daten des Zensus (Quelle: Eigene Darstellung und Erhebung in Anlehnung an den Zensus 2011, Datengrundlage https://ergebnisse.zensus2011.de/).*

(t_{31}), als auch seiner abgeschwächten Form (t_{32} - Bürgermeister nur mit Parteizugehörigkeit) bedingen.

Konfessionelle Prägung	Anteil parteipolitischer Bürgermeister im Sinne des Baden-Profils in % (Anzahl Kreise)
katholisch, absolut	33,3 % (n=6)
katholisch, relativ	38,9 % (n=7)
evangelisch, relativ	22,2 % (n=4)
andere (konfessionslos)	5,6 % (n=1)

Tabelle 17: Verteilung der parteipolitischen Bürgermeister im Sinne des Baden-Profils nach konfessioneller Prägung in den Landkreisen, Konfession auf Basis der Daten des Zensus (Quelle: Eigene Erhebung, Abbildung 38, Zensus 2011, Datengrundlage https://ergebnisse.zensus2011.de/).

Tabelle 17 kann entnommen werden, dass parteipolitische Bürgermeister im Sinne des Baden-Profils häufiger in Landkreisen auftreten, die mindestens relativ katholisch geprägt sind. Im Folgenden soll zunächst das „abgeschwächte" parteipolitische Profil bzgl. der Determinante der Konfession überprüft werden.

Hierzu wurde zunächst der Anteil der Parteimitglieder je Landkreis unter den Respondenten berechnet. Darüber hinaus wurde aus *dieser* Menge heraus auch der Anteil der CDU-Bürgermeister herausgearbeitet. Diese Vorabberechnung nach Landkreisen ist der Anlage 12 zu entnehmen. Verdichtet man diese Daten wiederum auf drei Kategorien[247] und streicht – wie in Unterkapitel 5.1.3 die Extremwerte der Stadtkreise und Landkreise mit weniger als vier untersuchten Kommunen - erhält man folgendes Bild:

[247] Eine detaillierte Betrachtung der Landkreise, die mehrheitlich konfessionslos sind, erschien an dieser Stelle nicht zweckmäßig.

Landkreise (Anzahl) nach konfessioneller Prägung	Anteil Bürgermeister mit Partei-mitgliedschaft unter den Respondenten	davon CDU Mitglieder
katholisch, absolut (n=6)	59,5 %	88,8 %
katholisch, relativ (n=5)	54,8 %	76,4 %
evangelisch, relativ (n=4)	27,3 %	61,3 %

Tabelle 18: Verteilung der Bürgermeister mit Parteimitgliedschaft nach konfessioneller Prägung in den Landkreisen und Anteil der CDU-Mitglieder darin; Konfession auf Basis des Zensus (Quelle: Eigene Erhebung, Abbildung 38, Anlage 12, Zensus 2011, Datengrundlage https://ergebnisse.zensus2011.de/).

Tabelle 18 zeigt wieder deutlich die Korrelation zwischen prägender (katholischer) Konfession und in Parteien organisierten Bürgermeistern. Ferner zeigt vorgenannte tabellarische Aufstellung auch, dass mit steigendem Anteil der katholischen Konfession der Anteil an CDU-Bürgermeistern wächst.

Zusammenfassend kann daher konstatiert werden, dass je katholischer Landstriche in Baden geprägt sind, sowohl der Anteil an Bürgermeistern in Parteien (ohne die Freien Wähler) im Allgemeinen, als auch innerhalb dieses Anteils CDU-Mitglieder im Speziellen, anwachsen. Konfession und parteipolitische Teilaussage Wehlings korrelieren daher weiter markant miteinander.

5.3 Referenzwerte und Zwischenresümee

Der Anteil an Bürgermeistern mit Parteimitgliedschaft nahm über die Jahrzehnte stetig ab. Während Wehling zu Beginn der 80er Jahre 49 % eruierte, waren es unter Wißkirchen 2001 noch 43,8 %, nach Tabor 2006 40,2 %.[248] Insgesamt waren nach Nothacker 2009 37 %

[248] Wehling (1984), S. 71, Wißkirchen (2001), S.27 und Tabor (2006), S. 25.

aller Bürgermeister Mitglied einer politischen Partei.[249] Egner konstatiert im näheren zeitlichen Zusammenhang, dass Baden-Württemberg damit bundesweit den geringsten Grad an Parteipolitisierung unter diesen Amtsträgern hat.[250] Klein bestätigt in ihrer Untersuchung 2014, dass 36,7 % der Bürgermeister Mitglied einer politischen Partei waren.[251]

Auch die im Jahr 2017 veröffentlichte Analyse des Statistischen Landesamts, bestätigt die o. g. Entwicklungen: „42 % der gewählten Bürgermeister haben (…) eine Parteizugehörigkeit vorzuweisen"[252] erklärt Thomas Schwarz, Leiter des Statistischen Amts der Stadt Stuttgart, auf Grundlage der Analyse von 813 Wahlen.

Seinen Ergebnissen zu Folge gibt es tradierte, regionale Unterschiede; demnach gehören in den historisch württembergischen Regierungsbezirken Stuttgart (33 %) und Tübingen (39 %) deutlich weniger der Gewählten einer Partei *oder* Freien Wählervereinigung an, als in den badisch geprägten Regierungsbezirken Karlsruhe (45 %) und Freiburg (55 %).[253]

Es ist daher bis heute eine landesweit fallende Tendenz zu registrieren, die mit den 42 % des Statistischen Landesamts zwar nicht den Tiefstwert, aber jüngsten und mutmaßlich auch belastbarsten Wert markiert. Daher soll dieser Wert im Übrigen aufgrund der zeitlichen Nähe auch dieser Erhebung als Referenz dienen. Ferner hat in diesem Zusammenhang das Statistische Landesamt, wenn auch unscharf über Regierungsbezirke abgegrenzt, gezeigt, dass sich württembergische Teilwerte grundsätzlich fortwährend unterhalb,

---

[249] Nothacker, Heiko (2009): Die Bürgermeister/-innen in Baden-Württemberg. Unveröffentlichte Magisterarbeit. Hochschule für öffentliche Verwaltung und Finanzen, Ludwigsburg, S. 54. Hierbei sind Mitgliedschaften bei Freien Wählervereinigungen nicht miteingerechnet.

[250] Egner (2007), S. 53.

[251] Klein (2014), S. 142.

[252] Statistisches Landesamt Baden-Württemberg (Hg.) (2017b): Statistisches Monatsheft Baden-Württemberg 2/2017. „Bürgermeisterwahlen in Baden-Württemberg; Eine Analyse auf der Basis der Wahlen von 2010 bis 2015; Teil 2: Teil 2: Ergebnisse der Bürgermeisterwahlen und Wahlbeteiligung" (Autor: Thomas Schwarz), Stuttgart, S. 25.

[253] Vgl. a. a. O., S. 27.

badische Teilwerte dazu grundsätzlich oberhalb des Landesschnittes bewegen.

Bringt man nun an dieser Stelle die Werte dieser Erhebung in die Gesamtschau mit ein, ist offenkundig, dass die eng nach dem Baden-Profil definierte Teilmenge t_{31} mit ihren nur 5,6 % definitionsgemäß nicht vergleichbar ist.

Zieht man deshalb die zweite Teilmenge t_{32}= 53,1 % der badischen Bürgermeister mit Parteimitgliedschaft (ohne die FW) heran, liegt dieser Wert über *jedem* landesweiten (!) Wert der Literatur. Nimmt man den „badischen" Referenzwert des Statischen Landesamts und stellt diesem den korrekt definierten Wert dieser Erhebung (nun inkl. der FW) von 65 %[254] gegenüber, liegt auch dieser deutlich über jenem „badischen" Wert aus dem Jahr 2017.

Das bedeutet: 1. Badens Bürgermeister sind nach wie vor politischer, als es das Land im Schnitt der vergangenen vier Jahrzehnte jemals war. 2. Umso schärfer man die Teilmenge Baden definiert, desto deutlicher zeigt sich die politische(re) Kultur.

Dies wird u. a. beleghaft mit dem Hintergrund der Parteimitgliedschaft: Zwei von drei Bürgermeistern in Baden gehörten ihrer Partei bzw. Wählervereinigung schon vor der Erstwahl – mutmaßlich aus Überzeugung – an, und nicht allein zum Zwecke ein Kreistagsmandat zu erringen, wie es vor allem im württembergischen Landesteil üblich ist. Dabei sind die Amtsinhaber in Baden auch fortwährend mehrheitlich profilierte Vertreter ihrer jeweiligen Parteien – gerade dieser Umstand steht in starkem Kontrast zu Württemberg aber auch dem landesweiten Idealtypus des Bürgermeisters. Auch hierin wird die politischere Kultur Badens beleghaft. So überrascht es letztlich nicht, dass politisch deckungsgleiche Konstellationen aus in der Regel CDU-Bürgermeister und christdemokratischer Ratsmehrheit dieses sehr politische Profil Badens nachweislich abrunden.

Dabei determinieren Aspekte wie Rechtsstellung oder Geschlecht dieses Ergebnis nicht, hinsichtlich des Alters und der Amtsdauer

[254] Siehe Darstellung nach Unterkapitel 5.1.

konnte jedoch eine Tendenz nachgewiesen werden, dass umso jünger bzw. kürzer im Amt der Bürgermeister, desto höher der Grad der Erfüllung der parteipolitischen Teilaussage des Baden-Profils mit all seinen Facetten. Signifikant determinierend wirkt sich anno 2018 die konfessionelle Prägung in Baden aus.

Zusammenfassend kann somit festgehalten werden: Der Bürgermeister in Baden ist fortwährend politischer als der Landesschnitt (und dadurch politischer als sein württembergisches Pendant). Rückgrat dieser politischen Kultur in Baden ist die konfessionelle, katholische Prägung. Der Effekt, wonach die (partei-)politische Aussage umso mehr Bedeutung gewinnt, desto jünger der Amtsinhaber an Lebens- und Amtsjahren ist, vermag die grundsätzlich auch in Baden rückläufige Gesamtentwicklung nicht vollends ins Gegenteil zu verkehren. Dennoch wirft dieser Umstand Fragen auf, die es in Kapitel 7 abschließend zu diskutieren gilt.

6. Quo vadis? Selbstreflexion badischer Bürgermeister

Nachdem in den vorangegangenen Kapiteln anhand der empirischen Daten versucht wurde, das heutige Sozialprofil badischer Bürgermeister vor dem Hintergrund des Baden-Profils zu zeichnen, soll im Folgenden nun das Selbstbild dieser Amtsträger beleuchtet werden. Hierzu bediente sich der Verfasser erneut dem Fragekatalog Wehlings, der u. a. mit zwei Fragen die eigene Einschätzung bzgl. der Rolle des Gremiums als auch ihrer selbst im kommunalpolitischen Gefüge ergründete.

Die Amtsinhaber wurden im Rahmen dieser Erhebung gebeten, konkret anzugeben, wie sie zum Stellenwert der Parteipolitik auf kommunaler Ebene im Allgemeinen stehen (Frage 8) und wie sie sich selbst im Spannungsfeld zwischen Politiker und Verwaltungsfachmann sehen (Frage 9). Komplettiert wurde die Selbstreflexion von einer offenen Fragestellung, in der ihre subjektive Einschätzung zu Wehlings Baden-Profil und dessen Gültigkeit in der heutigen Zeit abgefragt wurde. Es wurde ferner gebeten, diese Auffassung möglichst zu begründen.

Den ersten beiden Forschungsergebnissen zu den Fragen 8 und 9 können im Wege der Bewertung Referenzwerte aus Wehlings Untersuchung selbst gegenübergestellt werden, um mögliche Tendenzen aufzuzeigen. Hinsichtlich der letzten Frage war es des Verfassers Petitum, Stellungnahmen und Einschätzungen der Betroffenen selbst zu eruieren, die helfen können, die erhobenen Daten einzuordnen und richtig zu bewerten. Dabei ist sich der Verfasser bewusst, dass es sich hierbei um rein subjektive Daten handelt, deren Menge grundsätzlich nicht objektivierbar ist. Eine Überprüfung der Signifikanz unterbleibt daher folgerichtig. Die Analyse wird stark verdichtet erfolgen, und sich auf die wesentlichsten Ergebnisse konzentrieren.

6.1 Stellenwert der Parteipolitik auf kommunaler Ebene

Von den 320 Respondenten haben 286 Bürgermeister verwertbare Angaben zum Stellenwert der Parteipolitik abgegeben. Antwortmöglichkeit 1 *„Parteien haben auf dem Rathaus nichts zu suchen. Hier geht es um Sachfragen.“* kann dabei eher dem landesweiten Stereotyp nach württembergischer Prägung zugeordnet werden. Die Wahlalternative 2 *„Ohne Parteien wird die Stadt- bzw. Gemeindepolitik zur Kirchturmpolitik.“* entspricht dahingehend eher der politischen Kultur Badens, in der Wehling den Parteien eine einflussreichere Rolle eingesteht. Beide Antwortmöglichkeiten wurden dem Wortlaut nach 1:1 von Wehling übernommen.

In der Gesamtschau sprachen sich 73,8 % der Amtsinhaber eher dafür aus, dass Parteien auf dem Rathaus nichts zu suchen hätten, es hier um Sachfragen gehe.[255] 15,6 % attestierten der Parteipolitik wiederum eher eine sinnvolle, wenn nicht gar notwendige Bedeutung, damit das kommunale Handeln nicht zur Kirchturmpolitik verkommt. Diese Teilmenge (t_4) soll im Weiteren im Mittelpunkt des Erkenntnisinteresses stehen. Stellt man dieser Teilmenge die Eckdaten der Gesamtmenge gegenüber, erhält man folgende Konstellation:

[255] Die recht antiquierte Formulierung „auf dem Rathaus“ bzw. etwas harsche Wortwahl „nichts zu suchen“ veranlasste einige Bürgermeister dazu, diese Wortwahl zu geißeln und die Nichtbeantwortung mit einem entsprechenden Vermerk zu begründen.

Merkmal	Teilmenge t_4 (Delta Baden)	Baden
Rechtsstellung; Anteil Ehrenamt	2,0 % (-2,0 %)	4,0 %
Kommunengröße nach EW	21.100 (+202,9 %)	10.400
Durchschnittsalter	50 Jahre, 3 Monate	50 J., 2 M.
Amtsdauer	8 Jahre, 6 Monate	9 J., 8 M.
Geschlecht, Anteil ♀	10 % (+1,7 %)	8,3 %

Tabelle 19: *Übersicht der (soziodemographischen) Merkmale der n=50 Amtsinhaber, die angaben, dass ohne Parteien die Stadt-, bzw. Gemeindepolitik zur Kirchturmpolitik wird im Verhältnis zur Gesamtmenge aller badischer Bürgermeister. (Quelle: Eigene Erhebung, Frage 8).*

Tabelle 19 gibt Auskunft darüber, dass es bei dem Teil der Respondenten, die den Parteien im Sinne o. g. Fragestellung eine bedeutsame Rolle zusprechen, hinsichtlich Rechtsstellung, Alter, Amtsdauer und Geschlecht keine nennenswerten Abweichungen bzw. Auffälligkeiten gibt. Einzig die Merkmalsausprägung der jeweiligen Kommunengröße, der sie vorstehen, ist weit doppelt so groß, als der Schnitt der Gesamtmenge badischer Bürgermeister. Man könnte daher geneigt sein, sich bspw. dem Erklärungsansatzes nach Holzwarth et al zu bedienen, der bereits die Korrelation zwischen wachsender Bedeutung der Parteien und der steigender Kommunengröße herstellte. Aufgrund des erheblichen Deltas im Merkmal der Kommunengröße, bei gleichzeitig fast identischem Durchschnittswert des Alters scheint dies an dieser Stelle nicht vollends stichhaltig. Bestünde ein Zusammenhang, wäre doch zumindest zu erwarten gewesen, dass das Durchschnittsalter der Teil- im Verhältnis zu Gesamtmenge deutlich höher ausfällt.

Komplettiert man deswegen die Betrachtung mit der geographischen Verteilung[256], erkennt man, dass der Teilmenge zum einen zwei Großstädte angehören, zum anderen aber auch

[256] Die detaillierte, tabellarische Auswertung kann der Anlage 13 entnommen werden.

überdurchschnittlich viele Angaben aus den bevölkerungsreichen Regionen wie dem Rhein-Neckar-Kreis (27,9 %) und dem Landkreis Karlsruhe (39,1 %) stammen. Diese Kreise bestehen – im Verhältnis zu anderen Kreisen des Landes je Kreiskommune – aus einwohnerreicheren Orten.

Parteien auf dem Rathaus	Wehling/Siewert (1984)	Liebing (2018)
1 Parteien haben auf dem Rathaus nichts zu suchen…	71,7 %	73,8 %
2 Ohne Parteien…Kirchturmpolitik	25,1 %	15,6 %
Keine Antwort	3,3 %	10,6 %

Tabelle 20: *Gegenüberstellung der Auswertungsergebnisse Wehlings und dieser Arbeit bzgl. der Rolle der Parteien in der Kommunalpolitik. (Quelle: in Anlehnung an Wehling/Siewert (1984), S. 79; eigene Erhebung, Frage 8).*

Zieht man weiter die Referenzwerte Wehlings nach Tabelle 20 in die Betrachtung mit ein, sei zunächst darauf hingewiesen, dass Wehling diese Frage für seine Gesamtmenge des Bundeslandes auswertete. Man wäre daher geneigt gewesen zu erwarten, dass die Ausprägung der (tendenziell politikaffineren) Antwortalternative 2 in dieser Untersuchung entsprechend höher ausfällt. Tatsächlich liegt der Wert jedoch erheblich unter dem Wert Wehlings. Unter Berücksichtigung, dass die Zustimmungsrate zur Antwortalternative 1 annähernd identisch blieb, kann letztlich keine abschließende Aussage aus diesen Werten abgeleitet werden. Zu groß ist die Ziffer derer, die eine Antwort verwehrten.

Abschließend kann konstatiert werden, dass mit steigender Einwohnerzahl die Bedeutung der Parteien nach Auffassung der Befragten wächst. Diese Feststellung entfaltet dabei nicht nur ab Großstädten und Großen Kreisstädten Aussagekraft, sondern hat vielmehr auch in Kommunen unter 20.000 Einwohnern Relevanz, wie die o. g. Ausführungen im Rahmen der geographischen Detailanalyse zeigten. Aufgrund des recht hohen Anteils derer, die die

Forschungsfrage 8 nicht beantworteten, entbehrte sich eine Interpretation mit den Referenzwerten Wehlings, zumal diese seinerzeit nicht für Baden allein ausgegeben wurden.

6.2 Selbstverständnis badischer Bürgermeister

Der Bürgermeister als Leiter der Verwaltung und Vorsitzender des Gemeinderates: Diese zwei Funktionen allein unterstreichen den Spagat zwischen Verwaltungs-fachmann und Politiker, den der Wahlbeamte vollbringen muss. Mit Frage 9 wurde eruiert, ob sich die Amtsinhaber dennoch eher als *Verwaltungsfachmann* oder eben als jenen *Politiker* sehen, der es versteht, das kommunalpolitische Orchester zu dirigieren. Zusätzlich wurde den Respondenten eine dritte Antwortmöglichkeit *„beides gleichwertig"* eingeräumt. Diese geschlossene Fragestellung samt den drei Antwortmöglichkeiten wurde 1:1 nach Wehling übernommen. Von 320 Respondenten konnten 312 Angaben verwertet werden.

Allein die rechtliche Tatsache, dass ein jeder Amtsinhaber gem. § 42 Abs. 1 GemO beide o. g. Funktionen ausfüllen muss, lies vermuten, dass eine große Mehrheit die letzte Antwortmöglichkeit präferiert. Mit absoluter Mehrheit (51,1 %) fand sich diese Angabe auch in Wehlings Auswertung wieder. Darüber hinaus stuften sich einst unter seinen Respondenten eine große Minderheit von 40,5 % als Verwaltungsfachmann und nur 8 % als Politiker ein.[257]

Weiter wird – ausgehend von Wehlings Ergebnis – unterstellt, dass die Zustimmung vom Verwaltungsfachmann weg, hin zum Politiker mit der Größe der Kommune (und damit einhergehend der Größe des Unterbaus in der Verwaltung) steigt, mit der Einschränkung, dass sie im ehrenamtlichen Wirkungsbereich antizyklisch wieder anwächst.

---

[257] Wehling/Siewert (1984), S. 80f.

Das Forschungsergebnis bestätigte zunächst die Annahme bzgl. der starken Ausprägung der gleichwertigen Einschätzung, wobei sich Wehlings absolute zu einer qualifizierten Zweidrittelmehrheit entwickelte, wie Abbildung 39 zeigt:

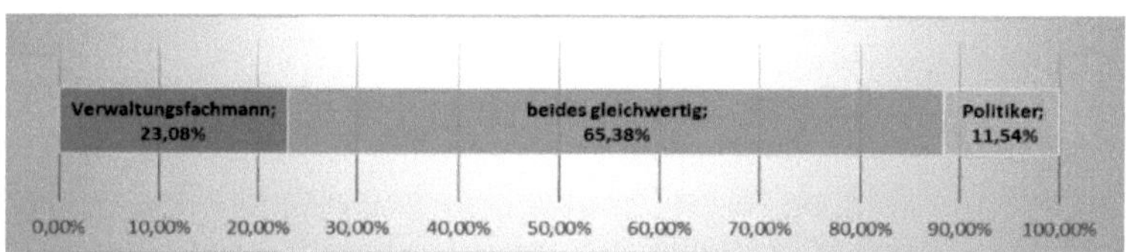

Abbildung 38: *Selbsteinschätzung badischer Bürgermeister (n=312) (Quelle: Eigene, Erhebung, Frage 9).*

Ferner bestätigte sich auch Anstieg im Mittelwert der Kommunengröße je politischer das Selbstverständnis ausfiel: Beginnend bei den Angaben als „*Verwaltungsfachmann*" mit 7.400, „*beides gleichwertig*" mit 8.600 und letztlich „*Politiker*" mit 23.200 Einwohnern. Damit wurde auch diese bereits zu Beginn vermutete Entwicklung bestätigt. Allerdings gilt es in diesem Zusammenhang die Besonderheit der Kommunen bis 2.000 Einwohnern mit ihren zum Teil ehrenamtlichen Wahlbeamten gesondert zu betrachten. Bei isolierter Analyse der Ehrenamtlichen unter den badischen Bürgermeistern findet sich zunächst eine identische Zweidrittelmehrheit, die beides als gleichwertig ansehen. Das verbliebene Drittel wiederum äußerte jeweils zur Hälfte ihr Selbstverständnis als Verwaltungsfachmann oder Politiker (entspricht 16,7 %). Unter den Ehrenamtlichen ist daher das Selbstverständnis des Politikers ausgeprägter als im badischen Durchschnitt. Dies ist auch plausibel, zumal gerade in sehr kleinen Gemeinden fortwährend verwaltungsfachfremde, aber auf anderem Wege verdiente Köpfe mit der Wahl zum Bürgermeister „geehrt" werden.[258]

Betrachtet man im Folgenden die geographische Verteilung der Angaben *Politiker*, so finden sich diese – wenig überraschend in Anbetracht der bereits geschilderten Erkenntnis zur Korrelation

[258] Vgl. a. a. O., S. 81.

zwischen Merkmalsausprägung und Kommunengröße – in größeren Städten. Zusammenhänge, Strukturen oder gar Ballungsräume konnten jedoch nicht ausgemacht werden. Ferner konnten keine Abhängigkeiten oder Auffälligkeiten, im Hinblick auf die übrigen soziodemographischen Aspekte wie Altersstruktur, Amtsdauer oder das Geschlecht ausgemacht werden.

Den forschungsleitenden Gedanken folgend, soll zuletzt die Angabe der *Politiker* noch einmal näher untersucht werden. Hierzu wurden in Abbildung 40 nach Einwohner gruppiert die Anteile der Angabe *Politiker* Wehlings und dieser Untersuchung gegenübergestellt:

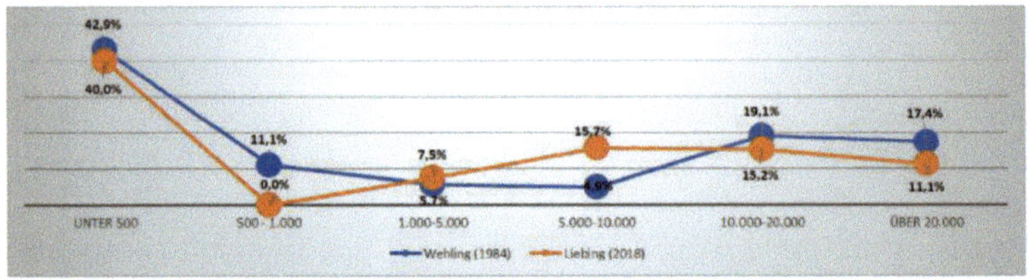

Abbildung 39: *Gegenüberstellung der Anteile der Bürgermeister mit Selbstverständnis Politiker nach Wehling (Baden-Württemberg) und Liebing (Baden), kategorisiert nach Einwohner (Quelle: in Anlehnung an Wehling/Siewert (1984), S.81, Tabelle 17; eigene Erhebung, Frage 9).*

Dabei ist der Verlauf beider Kurven annähernd identisch, mit dem Unterschied, dass sich das Pik des Anteils der hauptamtlichen Amtsinhaber nach Wehling erst im Bereich zwischen 10.000-20.000 Einwohnern fand, in der hier zugrundeliegenden Untersuchung bereits eine Größengruppe darunter. Daraus kann aber nicht geschlussfolgert werden, dass badische Bürgermeister in tendenziell kleineren Kommunen heute ein politischeres Selbstverständnis als vor knapp vier Jahrzehnten besitzen. Zum Verständnis notwendig ist, dass auch diese Zahlen Wehlings allein für das gesamte Bundesland ausgegeben wurden. Unterstellt man, dass die jeweiligen Teilmengen Württembergs darunter, bzw. Badens darüber lagen, kann aus der nun eruierten Nähe beider Kurven zumindest resümiert werden, dass sich das Selbstverständnis als Politiker in Baden teilweise extrem nah an den landesweiten Schnitt nach Wehling annäherte.

6.3 Kommentierung des Baden-Profils

Trotz der kompakten Anzahl der Fragen in der Erhebung, war es des Verfassers Petitum, zumindest eine offene Frage zu führen, in der die Amtsinhaber Gelegenheit hatten, das Phänomen das Baden-Profils in aller Individualität (aber auch schwer objektivierbarer Subjektivität) zu kommentieren. Von dieser Möglichkeit machten von den 320 Respondenten auch 301 Amtsinhaber Gebrauch und äußerten, ob sie Wehlings Baden-Profil aus ihrer eigenen Beobachtung und Erfahrung noch Gültigkeit beimessen. Die Visualisierung (Abbildung 41) dieses Stimmungsbilds zeigt, wonach mehr als sieben von zehn Bürgermeistern das Baden-Profil ablehnen und ihm keine Gültigkeit mehr einräumen. Eine Mikroanalyse mit dem Abgleich der soziodemographischen Aspekte entbehrt sich an dieser Stelle, da es sich bei den Daten primär um subjektive Meinungen und keine objektivierbaren Daten handelt. Deshalb möchte der Verfasser die erhaltenen Aussagen in zusammenfassender Weise darstellen:

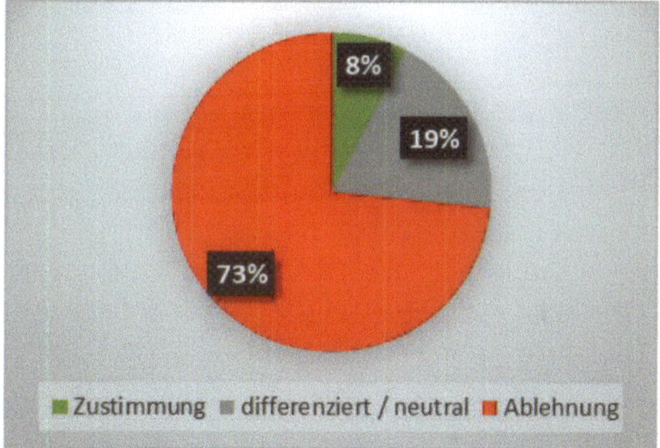

Abbildung 40: Haltung badischer Bürgermeister (n=301) zu der Frage, ob das Baden-Profil im Jahr 2018 noch Gültigkeit besitzt. (Quelle: Eigene Erhebung, Frage 10).

Die große Mehrheit der Bürgermeister, die die Gültigkeit des Baden-Profils verneinten, brachten dabei vielfältige Argumente ins Feld. Zuvorderst war die Gruppe derer, die durch die Reflexion der Wahlereignisse und Sozialprofile in ihrem Sprengel oder Kreis mannigfache Beispiele fanden, um ihrerseits das Auftreten als Phänomen zu verwerfen.

Ähnlich häufig konnten Begründungen gesammelt werden, die die Zuspitzung bzw. Polarisierung des Baden-Profils in Anbetracht der Persönlichkeitswahl ablehnten. Jede Wahl ist in den Augen dieser Bürgermeister ein singuläres Ereignis, jede Kommune hat wiederum ihr ganz eigenes Anforderungsprofil an ihren Bürgermeister. Eine weitere, statthafte Zahl an Amtsinhabern anerkannte in gewissermaßen die Gültigkeit des Baden-Profils, in dem sie ihm attestierten nun jedoch untergegangen zu sein. Die gesellschaftlichen Entwicklungen im Allgemeinen, aber auch der Generationenwechsel unter den Amtsinhabern im Speziellen veranlasste zahlreiche Bürgermeister einen Wandel im Sozialprofil zu erkennen, der das Baden-Profil in die Bedeutungslosigkeit zwingt. Zuletzt seien auch diejenigen benannt, die mit Blick auf die zunehmende Bürokratie und steigende Komplexität der Aufgaben die unumgängliche Notwendigkeit sahen, dass Verwaltungskompetenz vorhanden ist – und schlossen aufgrund dessen die Gültigkeit des Baden-Profils aus. Manch einer ging dabei sogar so weit zu fordern, dass eben jene, einschlägige Verwaltungsexpertise kommunalrechtliche Zulassungsvoraussetzung für das Amt werden sollte.

Unter den Amtsinhabern, die sich im Rahmen ihrer Begründung differenziert äußerten oder ein neutrales Votum abgaben, fanden sich eine Vielzahl von Aussagen, die das Baden-Profil nur in Teilen gültig bzw. ungültig sahen. So wurde die Teilaussage zur Verwaltungskompetenz dahingehend legitimiert, dass man als Amtsinhaber ja die Möglichkeit hätte, sich fachlich mit den Mitarbeitern auszutauschen. Wieder andere verwiesen darauf, dass neuerlich kandidierende Amtsinhaber ebenfalls als einheimisch anzusehen seien, und sahen damit (nicht ganz folgerichtig) die Teilaussage zur persönlichen Herkunft bestätigt. Diejenigen, die die parteipolitische Teilaussage in den Fokus ihrer Begründung einbezogen, sahen entweder einen Bedeutungsverlust der Parteien im Allgemeinen, oder einen Einflussgewinn mit steigender Kommunengröße, um sich wahlweise gegen oder für die weitere Gültigkeit auszusprechen.

Doch welche Auswirkungen kann eine politische Kultur, die Präferenz verschiedener Merkmale im Sozialprofil von Kandidaten noch haben, wenn entsprechend dieser Wünsche zu wählen faktisch nicht möglich ist? Welche besondere Aussagekraft besitzt ein Phänomen wie das Baden-Profil, wenn keiner oder gar (einzelne Kriterien) alle Bewerber erfüllen? Auch diese Fragen wurden von den Amtsinhabern berechtigterweise an dieser Stelle eingebracht. Eine weitergehende Diskussion soll darüber im folgenden Kapitel erfolgen.

Mit 8 % fand sich unter den Amtsinhabern nur eine kleine Gruppe, die dem Baden-Profil weiterhin Gültigkeit bescheinigten. Die Begründungen reichten dabei von dem Attraktivitätsverlust des Amtes im Allgemeinen (was mit Interesseverlust der Verwaltungsfachkräfte am Amt gleichgesetzt wurde), über den Wandel der Gesellschaft, der neue Kompetenzen (jenseits des Stereotyps nach württembergischer Façon) erfordert, bis hin zum Verweis auf die eigene Person, die dem Baden-Profil ganz oder in Teilen entspricht.

7. (K)ein Baden-Profil? Diskussion und Implikationen

Die kumulative Wirkung der Teilaussagen des Baden-Profils

Diese Thesis hat mit Hilfe einer Vollerhebung unter den Bürgermeistern im historischen Bereich Badens das aktuelle Sozialprofil derselben zeichnen wollen. Dabei sollte untersucht werden, ob Wehlings erforschtes Phänomen – das Baden-Profil – fortwährend Gültigkeit besitzt.

An dieser Stelle möchte daher der Verfasser seine gewonnenen Ergebnisse in der Frage kanalisieren: Gibt es sie? Die Bürgermeister mit Baden-Profil? Eine simple Antwort könnte lauten: ja, Bürgermeister mit dem Baden-Profil finden sich in dieser Erhebung zu 5,6 %! Zumindest wenn man sie derart definiert, dass sie einheimisch, verwaltungsfern und Mitglied einer Partei[259] sind.

Eine weniger simple, aber dafür differenziertere – d. h. unter Berücksichtigung der parteipolitischen Aussage mit all ihren Facetten – Antwort kann sein, dass es nicht mehr *sie* gibt, sondern nur noch *ihn*: Bürgermeister Adalbert Hauck aus Höpfingen, im Neckar-Odenwald-Kreis. Er ist genau der *eine* Bürgermeister, den Wehling mit dem Baden-Profil heutzutage noch vollumfänglich zu beschreiben vermag.

Nun mag diese Zuspitzung im ersten Moment unangebracht scheinen. Denn mehrfach hat insb. die Anwendung der strengen Definition aller Facetten der parteipolitischen Aussage des Baden-Profils bereits gezeigt, dass sie zugespitzt wenig Aussagekraft entfaltet und aufgrund zu geringer Fallzahl keine wissenschaftliche Relevanz entwickelt. Doch zeigt genau dieses zugespitzte Ergebnis auf, was Wehling mit dem stets hervorgehobenen Wort *eher* meinte: Wehling unternahm nicht dem Versuch, mit dem Baden-Profil ein Sozialprofil-Stereotypen zu zeichnen, der mit dem kumulativen Effekt der einzelnen Aussagen gar Mehrheiten in Baden beschreibt. Vielmehr war dem Wörtchen *eher* immanent, dass die Teilaussagen die

[259] Ohne Mitglieder Freier Wählervereinigungen.

Abgrenzung zwischen Baden und dem Rest des Landes dokumentieren. Einzelne Merkmale – meist das Negativ des eigentlichen Idealtypus nach württembergischer Façon – treten (wenn sie es denn überhaupt tun), *eher* in Baden als in Württemberg auf.

Deswegen macht es auch keinen Sinn, die Gültigkeit des Badens-Profils vor dem Hintergrund der kumulativen Aussagekraft aller Teilaussagen hin zu würdigen, vielmehr spiegelte sich das beabsichtigte Forschungsergebnis bereits in den Zwischenresümees der Kapitel 3 bis 5 wider.

Der Transformationsprozess Badens in Richtung württembergischem Ideal

Auch wenn sich eine Betrachtung der kumulativen Wirkung aller Teilaussagen entbehrt, sind es doch jene drei Merkmale, die in Summe Wehling einst veranlassten, von einem eigenständigen Profil in Baden zu sprechen.

Die Bewertung bedarf daher zweier Blickwinkel: einerseits die absolute Betrachtung innerhalb Badens selbst, andererseits die Betrachtung in Relation zum (restlichen) Land, d. h. in Abgrenzung zum württembergischen Landesteil.

Betrachtet man zunächst die absoluten Zahlen, sind alle Merkmale rückläufig. Es konnte erforscht werden, dass der Anteil der verwaltungsfernen Bürgermeister ausgehend vom hochgerechnetem Wert Wehlings um -12 % auf nur noch 23 % in Baden zurück gegangen ist. Ähnlich stark im Delta (-13 %) ist der Anteil der badischen Einheimischen, die im Amtsort wirken, auf 25 % zurück gegangen. Hinsichtlich der (partei-)politischen Teilaussage konnte am Beispiel dreier Landkreise (deren Repräsentativität in Kapitel 5.1 gezeigt werden konnte) der Nachweis erbracht werden, dass auch hier in Baden der Rückgang mit im Mittel von -21,8 % auf 49,6 %[260] markant ist.

---

[260] Vgl. hierzu die Ausführungen in Kapitel 5.1.

Wehlings früh angestellte und über die Jahrzehnte immer wieder erneuerte These der Angleichung in Richtung des landesweiten Idealtypus nach württembergischer Façon, konnte in dieser Thesis zweifelsfrei nachgewiesen werden. Badische Bürgermeister sind im Umkehrschluss professioneller (im Sinne der Verwaltungserfahrung und -kompetenz) und unabhängiger (in Bezug auf etwaige örtliche Verbandlungen und parteipolitische Verflechtungen) geworden. Große Teile der Respondenten stützten diese Interpretation durch ihre Selbstreflexion und Angaben im Rahmen der qualitativen Forschung.[261]

In Relation zum Rest des Landes, insb. Württemberg, ist die Abgrenzung – die tiefere Bedeutung des Wörtchens *eher* – von Teilaussage zu Teilaussage zu diskutieren.

Beginnend mit der (partei-)politischen Aussage des Baden-Profils, konnte in Kapitel 5.3 der Nachweis geführt werden, dass badische Bürgermeister in der Gesamtheit betrachtet zwar weniger, aber in Relation zum Rest des Landes nach wie vor politischer sind.

Diese grundsätzliche Parteinähe fand in zahlreichen Teilergebnissen Bestätigung: So waren zwei von drei Bürgermeistern bereits vor Amtsantritt Mitglied einer Partei oder Freien Wählervereinigung und führten damit nicht wie sonst üblich das erstrebte Kreistagsmandat als Eintrittsgrund an.[262] Über die Hälfte (52,8 %) davon bekleideten vor der Erstwahl eine exponierte Stellung innerhalb der eigenen Partei, wahlweise als Vorstandsmitglied oder gar Vorsitzender auf Stadt- bzw. Ortsverbandsebene. Zuletzt ist es auch die konfessionelle Prägung des historischen Landesteils Badens, die signifikant die Merkmalsausprägung der parteipolitischen Teilaussage bedingt. Als größter Nutznießer dieser politischen Kultur, konnten die Christdemokraten ausgemacht werden, wie es auch jüngere Studien bestätigten.[263]

---

[261] Vgl. hierzu die Ausführungen in Kapitel 6.

[262] Vgl. Wehling (2000), S. 179.

[263] Vgl. Holzwarth (2016), S. 168 aber auch Gehne/Holtkamp (2005), S. 130, mit der Einschränkung, dass diese Untersuchung diese Aussage nur für Oberbürgermeister verifizierte.

Letztlich dominieren die Teilmenge der parteipolitischen Amtsinhaber eben diese Mitglieder der CDU.[264] Ist die Parteizugehörigkeit des Bürgermeisters in Baden deckungsgleich mit der oder zumindest einer der stärksten Fraktionen / Listen im Gremium (was in 40,3 % der Fälle der Fall ist), handelt es sich mit überwältigender Mehrheit von im Schnitt 76,8 % um CDU-CDU-Konstellationen. Die Literatur beschreibt dabei genau die gegenteilige Konstellation aber als Normalfall. Demnach werden sonst bewusst oppositionelle Kräfte gewählt, um Machtkonzentrationskombinationen (wie oben skizziert) zu verhindern. In diesem Zusammenhang gebräuchlich (und von Wehling einst als Schlagwort eingeführt) hat sich der Begriff der *Filzbremse* etabliert, um dieses Wahlverhalten zu beschreiben.[265]

Mit Blick auf die persönliche Herkunft konnte nachgewiesen werden, dass auch hier ein absolut betrachtet rückläufiger Wert, in Relation mit 25 % immer noch über jedem Landesschnitt liegt, der seit Postulierung des Baden-Profils erhoben wurde. Soll heißen: Der Anteil Einheimischer ist in Baden fortwährend so stark, wie er im Landesschnitt niemals war. Bedient man sich eines jüngeren Referenzwertes, hier bspw. des Landesschnittes nach Huzel aus dem Jahr 2016 mit 15,4 %, und unterstellt man, dass eine württembergische Teilmenge unterhalb dieses Schwellenwerts liegen muss, kann weiterhin ein markantes Delta zwischen Baden und Württemberg vermutet werden.

Deutlich problematischer stellt sich die Bewertung der Verwaltungskompetenz dar. Trotz zahlreicher Studien, deren Definitionen von (fehlender) Verwaltungskompetenz aber höchst divers ist, fällt hier eine abschließende Bewertung sehr schwer.

Kein Baden(-Profil) ohne Württemberg

Hier wird deutlich, dass mit der hier vorliegenden Thesis klare Aussagen zur Entwicklung innerhalb Badens getan werden konnten. In unterschiedlicher Güte konnte auch gezeigt werden, wie sich die

---

264 Siehe hierzu die Ausführungen und Visualisierungen in Unterkapitel 5.1.

265 Vgl. u. a. Holzwarth (2016), S. 55f.

badischen Werte im Verhältnis zum Rest des Bundeslandes positionieren. Am Ende bleibt jedoch die Frage, ob diese 23 % verwaltungsfernen, 25 % einheimischen und 53 % parteipolitischen Bürgermeister in Baden die Aufrechterhaltung bzw. Verwerfung Wehlings Theorie rechtfertigen?

Hier wird die Problematik offenkundig, die eine abschließende Bewertung des Baden-Profils trotz höchstmöglicher Präzision und Tiefe der Untersuchung erschwert: Ohne Württemberg kein Baden! Eine ähnlich präzise Erhebung Württembergs, könnte in der dichotomen Gegenüberstellung letztlich abschließend Auskunft darüber geben, wie o. g. Ergebnisse einzuordnen sind. Oder um es mit Wehlings Worten zu beschreiben: Ob verschiedene Merkmalsausprägungen fortwährend *eher nennenswert* in Baden als in Württemberg auftreten. Hier findet sich direkt der erste Anknüpfungspunkt für weitergehende Forschung: Vorliegende Masterthesis hat durch historisch und geographisch korrekte Abgrenzung die Vorarbeit für eben jene, dichotome Gegenüberstellung geliefert.

Dennoch möchte der Verfasser sich am Ende nicht darauf beschränken, dass eine abschließende Bewertung weitergehender Forschung vorbehalten bleibt, sondern zum Ende dieses Kapitels selbst eine These formulieren, deren Überprüfung eben auch Teil einer solchen, weitergehenden Untersuchung sein kann.

Es sei an dieser Stelle neuerlich unterstrichen, dass Wehlings Werte ihn selbst *nur* dazu veranlassten, von einem Phänomen zu sprechen, das von seiner Abgrenzung zu Württemberg lebt. Wehling erklärte nicht, dass badische Bürgermeister für sich gesehen grundsätzlich verwaltungsferner, einheimischer und parteipolitischer sind (was er im Übrigen im Umkehrschluss für den idealtypischen Bürgermeister tat!).

Denn so sehr es denkbar ist (und auch gezeigt werden konnte), dass ein Bürgermeister in Baden dem württembergischen Ideal entspricht, ist es andererseits ebenso *grundsätzlich* denkbar, dass ein Schultes tief im Schwäbischen das Baden-Profil erfüllt.

Die Kandidatenauswahl als Lebenselixier der politischen Kultur

Wie kann das sein? Welche praktische Relevanz haben Aussagen der Politikforschung zur politischen Kultur noch, wenn o. g. Konstellationen denkbar werden bzw. gar sind?

Der Quell dieser Verwerfungen liegt nach Auffassung des Autors im Naturell der Persönlichkeitswahl der Bürgermeister in Baden-Württemberg begründet. Damit eben jene aus der politischen Kultur resultierenden gemeinsamen Wertvorstellungen, Denkweisen und Einstellungen, die Menschen als Mitglieder einer Gruppe teilen, ihre Wirkung entfalten, bspw. in Form einer Wahl, braucht es zuvorderst einmal eines: eine *Auswahl*.

Jüngste Studien bestätigten den Eindruck, den auch die kommunalen Spitzenverbände immer wieder kommunizieren: Die Bewerberzahl auf das höchste Amt einer Kommune ist rückläufig.[266] Dies brachten auch manch Respondenten in der offenen Fragestellung zur Kommentierung des Baden-Profils ein und mahnten insb., dass das Amt zunehmend unter den Verwaltungsfachleuten an Attraktivität verliert. Dass es sich dabei nicht nur um ein subjektives Empfinden der Amtsinhaber handelt, sondern auch beleghaft ist, konnte in Kapitel 3.3 gezeigt werden: Es wurde nachgewiesen, dass überdurchschnittlich viele Bewerber ohne Verwaltungshintergrund in den vergangenen acht Jahren gewählt wurden.[267]

Der Anteil an Frauen an den Hochschulen für öffentliche Verwaltung forciert diesen Umstand weiter. Diese lehnen das kommunale Wahlamt wegen der schwierigen Rahmenbedingungen, bspw. der 60-80 Stunden Woche ab.[268] Diese gesellschaftliche Entwicklung muss ebenfalls als mögliche Begründung für die

---

[266] Vgl. Klein (2014), S. 188f. aber auch Statistisches Landesamt Baden-Württemberg (2017a), S. 36.

[267] Auf die Ausführungen in Unterkapitel 3.2.4 sei verwiesen.

[268] Vgl. Witt, Paul; Krause, Christina (2016c): Frauen als Ober-/Bürgermeisterinnen immer noch eine Rarität? Hintergründe – Gründe – Analysen – Lösungsmöglichkeiten. Fachprojektarbeit an der Hochschule für öffentliche Kehl, S. 28f.

Abnahme der verwaltungserfahrenen Bürgermeister Berücksichtigung finden.[269]

In diesem Zusammenhang sei auch das bemerkenswerte Phänomen innerhalb der Mikroanalyse des Forschungsergebnisses zur (partei-)politischen Teilaussage noch einmal angeführt: Trotz dessen die Gesamtzahl der parteipolitischen Amtsinhaber in Baden über die Jahrzehnte rückläufig war, konnte eine starke (aber nicht signifikante) Merkmalsbündelung zugunsten des Baden-Profils unter Bürgermeistern in erster Amtsperiode erforscht werden. Oder einfacher gesagt: Auffällig ist, dass diejenigen Bürgermeister in Baden, die (partei-)politisch sind, überdurchschnittlich häufig in erster Amtsperiode zu finden sind, d. h. erst innerhalb der vergangenen acht Jahre gewählt wurden.

Ist hier – zumindest hinsichtlich des Merkmals der Parteinähe – eine gar antizyklische Entwicklung zu beobachten? Eine Erklärung liefert die detaillierte Betrachtung dieser n=81 Kommunen. Hierbei ist auffällig, dass der Einwohner-Mittelwert dieser Teilmenge bei über 14.500 Einwohnern liegt. Zur Erinnerung: der Durchschnitt der hier untersuchten badischen Kommunen lag mit 10.400 Einwohnern mit über 4.000 Einwohnern darunter. Der o. g. Auffälligkeit wohnt daher an Einwohnern gemessen eine erheblich überdurchschnittliche Kommunenmenge zugrunde. Die Korrelation aus mit steigender Einwohnerzahl wachsender Bedeutung der Parteien wurde hierzu bereits mehrfach thematisiert.[270]

Dieses Beispiel zeigt plakativ die o. g. Notwendigkeit der konkreten Fallbetrachtung einer jeden Wahl auf. Dabei muss nicht nur die etwaige Kandidatenkonstellation Berücksichtigung finden, sondern auch die stets höchst individuellen Rahmenbedingungen von Kommune zu Kommune, und sei es bspw. – wie in diesem Fall – nur die differenzierte Betrachtung der Einwohnerzahl.

---

[269] Vgl. Die Fundstelle Baden-Württemberg (2018): Fachzeitschrift für die kommunale Praxis 14/2018. „Professionelle Positionierung im Bürgermeisterwahlkampf in Baden-Württemberg (Teil 3)", Stuttgart, S. 579.

[270] Vgl. hierzu u. a. in Klein (2014), S. 143 oder Statistisches Landesamt Baden-Württemberg (2017b), S. 25.

Die Quintessenz: Württemberg im Blick, Kandidatenkonstellationen im Fokus

Die o. g. Ausführungen führen schlussendlich zu den zwei zentralen Erkenntnissen jenseits des Forschungsergebnisses für sich: Zur Einordnung und Bewertung der hier eruierten Werte braucht es erstens korrekt dichotom gegenübergestellte Werte aus dem Württembergischen. Zweitens kann auch nur dann eine abschließende Bewertung erfolgen, wenn die der Erstwahl vorausgehende Kandidatenkonstellation in den Grundzügen bekannt ist, und sich die Beurteilung nicht nur allein auf jenes Sozialprofil des gewählten Bewerbers bezieht.

Die hier erhobenen Werte können dabei als wertvolle Referenz und Standortbestimmung dienen.

Darüber geben sind die hier erforschten Werte in Würdigung o. g. Ausführungen als These Indiz, dass das Baden-Profil zwar absolut betrachtet innerhalb Badens rückläufig ist, relativ betrachtet in Abgrenzung zu Württemberg aber weiterhin Gültigkeit besitzt, da die im Fokus stehenden Merkmale mutmaßlich fortwährend *eher* in Baden vorzufinden sind als im Rest des Landes.

8. Schlussbetrachtung

In diesem abschließenden Kapitel wird beantwortet, ob und wie die Ergebnisse die eingangs formulierten Forschungsfragen beantworten, sprich das verfolgte Ziel erreicht wurde oder nicht.

Darüber hinaus wird skizziert, welche wissenschaftliche Bedeutung die Ergebnisse haben und wer sie unter welchen Voraussetzungen wozu nutzen kann. Es wird erläutert, was offenbleiben musste, welche neuen Fragen mit der Forschung entstanden sind und in weiteren Forschungen zu bearbeiten wären.

8.1 Fazit

Von den Forschungsfragen leitend konnte zunächst das historische Baden in der heutigen Verwaltungsstruktur Baden-Württembergs gezeigt werden. Hierzu wurden drei Areale herausgebildet: 423 homogene, badische Kommunen; heterogene Gebiete und im Wege der Negativabgrenzung der historisch betrachtet nicht badische Landesteil (d. h. Württemberg und Hohenzollern).

Diese räumliche Abgrenzung erfolgte nach Kommunen transparent und nachvollziehbar und markiert eine Standortbestimmung, die bis auf Weiteres[271] ihre Gültigkeit auch nicht verliert. Es konnte der Nachweis erbracht werden, dass eine behelfsmäßige Definition Badens über die Regierungsbezirke in hohem Maße Fehler provoziert und daher nicht wissenschaftlich ist, um letztlich die historische Komponente Badens vollends zu erfassen.

Auf dieser Grundlage wurde eine postalische Gesamtbefragung aller Bürgermeister veranlasst. Die Ergebnisse dieser Studie stützen sich auf einem Rücklauf von 75,5 % und sind repräsentativ, was an zahlreichen Merkmalen gezeigt wurde.

Das Baden-Profil wurde ferner in seiner inhaltlichen, zeitgeschichtlichen und rechtlichen Dimension gewürdigt. Die drei

---

[271] Vorausgesetzt es kommt zu keinen neuerlichen Gebietsreformen und -umstrukturierungen auf kommunaler Ebene.

zentralen Aspekte – Teilaussagen genannt – wurden separat einer Makro- und Mikroanalyse unterzogen.

Hierbei konnte nachgewiesen werden, dass zum jetzigen Zeitpunkt alle drei Merkmale im Verhältnis zum Zeitpunkt der Aufstellung des Baden-Profils innerhalb Badens markant rückläufig sind. Hinsichtlich des Merkmals fehlender Verwaltungskompetenz konnte als signifikant determinierend die Rechtsstellung erforscht werden, d. h. befindet sich der Schultes im Ehrenamt, ist die Wahrscheinlichkeit höher, dass er keine Verwaltungsexpertise vor Amtsantritt besaß.[272] Ebenfalls statistisch signifikant wirkte sich diese Determinante bzgl. des Merkmals des einheimischen Bürgermeisters aus. Hier konnte mit der Kommunengröße an Einwohnern gemessen eine weitere signifikante Bedingung erforscht werden, d. h. umso kleiner die Kommune an Einwohnern gemessen, desto wahrscheinlicher steht ihr ein einheimischer Bürgermeister vor.

Das Rückgrat der (partei-)politischen Bürgermeister in Baden ist die konfessionelle, katholische Prägung. Diese determiniert signifikant die politische Nähe, wobei von diesem Effekt fortwährend die Christdemokraten profitieren.

Badische Bürgermeister sind insgesamt betrachtet, professioneller und unabhängiger geworden. Wehlings These, dass sich badische Bürgermeister in Richtung des württembergischen Ideals entwickeln, konnte verifiziert werden. Zur Bewertung der Ergebnisse in Relation zum restlichen Land wurde erörtert, dass es hierzu im Wege einer dichotomen Gegenüberstellung eine ähnlich präzise Erhebung Württembergs bedürfte. Es wurde eine These formuliert, die aufgrund der quantitativen und qualitativen Ergebnisse der Studie einen Ausblick wagt. Hierauf wird in Kapitel 8.2 zurück zu kommen sein.

In der Diskussion der Ergebnisse wurde die (fehlende) Kandidatenauswahl als Quintessenz der Verwerfungen ausgemacht.

---

[272] Weitere Tendenzen und Auffälligkeiten, die jedoch keine statische Signifikanz aufweichen konnten, sollen an dieser Stelle nicht dargestellt werden. Es sei doch an dieser Stelle daran erinnert, dass diese Tendenzen und Auffälligkeiten gegeben sind. Auf die jeweiligen Zwischenresümees der Kapitel 3 bis 5 sei verwiesen.

Demnach benötigt die Persönlichkeitswahl des Bürgermeisters eine nennenswerte Kandidatenauswahl, damit politische Kulturen ihre Wirkung entfalten können. Auch die Antworten der amtierenden Bürgermeister selbst in offener Fragestellung zum Baden-Profil indizierten dies. Die in diesem Zusammenhang beleghafte, rückläufige Bewerberzahl konstruiert mancherorts Kandidatenkonstellationen (bis hin zu alternativlosen Alleinbewerbern), die das später von der Politikforschung erhebbare Bild verzerren, so denn es sich nur auf das Sozialprofil des Amtsinhabers stützt. Wie diese Problematik entkräftet werden kann, wird ebenfalls Teil der Ausführungen in Kapitel 8.2 sein.

Vorliegende Thesis trat an, ein in der Literatur ausgemachtes Forschungsvakuum zu füllen. Die räumlich korrekte Abgrenzung Badens unter Würdigung der historischen Dimension und der als ausgesprochen stark hervor zu hebende Rück-lauf liefern eine wissenschaftliche Referenzschrift, die mit ihren Ergebnissen und Erkenntnissen dieses Vakuum zu schließen vermag. Durch die transparente Datenverarbeitung, ist sie für jedermann mit der Materie Vertrauten nutz- und weiterverwertbar. Damit hat diese Arbeit, die an sie formulierten Ziele erreicht.

8.2 Ausblick auf den weitergehenden Forschungsbedarf

Vorliegende Thesis konnte ein Forschungsvakuum schließen, zeigte mit ihren Erkenntnissen jedoch neue Forschungsfragen auf.

In Kapitel 7 mit „Kein Baden(-Profil) ohne Württemberg“ übertitelt, kam bereits zum Ausdruck, wie bedeutsam eine korrekt diesem Untersuchungsergebnis dichotom gegenübergestellte Untersuchung in Württemberg ist. Wenngleich diese Thesis vermochte, in absoluten Zahlen innerhalb Badens eine Entwicklung beleghaft zu machen, kann die (zu Württemberg) relative Aussagekraft und Interpretation nur mit eben jener Erforschung der württembergischen Amtsinhaber erfolgen.

Am Beispiel der Frage nach der (partei-)politischen Nähe und dem Umgang mit der Rolle der Freien Wählervereinigungen wurde die Problematik uneinheitlicher Definition verschiedener Merkmale in der Literatur offenkundig. Durch die in dieser Arbeit erfolgte, transparente Herleitung und Dokumentation der Ergebnisse[273], kann ein Dritter ohne weiteres „seine" Teilmengen aus den Datensätzen definieren, um größtmögliche Vergleichbarkeit zu gewährleisten.

Am Ende des siebten Kapitels wagte der Verfasser die These, dass die hier erforschten Werte Indiz geben, dass das Baden-Profil zwar absolut betrachtet innerhalb Badens rückläufig ist, relativ betrachtet in Abgrenzung zu Württemberg aber weiterhin Gültigkeit besitzen kann, da die im Fokus stehenden Merkmale mutmaßlich fortwährend *eher* in Baden vorzufinden sind als im Rest des Landes. Ob diese These verifiziert werden kann, muss im Falle einer dichotomen Gegenüberstellung auch zu überprüfen sein.

Eine weitergehende Forschung – ausgehend von dieser Arbeit oder eben skizzierter dichotomen Gegenüberstellung – sollte zumindest anhand kleinerer Teilmengen (z. B. für einen oder mehrere Landkreise) auch „das Zusammenwirken verschiedener Kandidatenmerkmale mit äußeren Umständen"[274] in die Beurteilung einbeziehen.

---

[273] Man bedenke hier die Darstellung in den Unterkapiteln 5.1.2 und 5.1.4.

[274] Löffler (2010), S. 63.

Literaturverzeichnis

Monographien und Sammelbände

Abberger, Klaus (2013): Bürgermeister - was tun gegen die Bewerberflaute? Wahlkampftipps, Interviews, Kurioses aus 100 Kampagnen. Stuttgart: Boorberg.

Bäuerle, Siegfried (1998): Bürgermeister. Zur Charakteristik einer interessanten Berufsgruppe. Eine empirische Untersuchung. In: Roth, Nobert (Hg.): Position und Situation der Bürgermeister in Baden-Württemberg. Stuttgart: Kohlhammer, S. 61-100.

Biege, Hans-Peter; Fabritius, G.; Siewert, Hans-Jörg; Wehling, Hans-Georg; Schiele, Siegfried (1978): Zwischen Persönlichkeitswahl und Parteientscheidung. Kommunales Wahlverhalten im Lichte einer Oberbürgermeisterwahl. Meisenheim: Hain (Sozialwissenschaftliche Studien zur Stadt- und Regionalpolitik, 11).

Bogumil, Jörg; Heinelt, Hubert (Hg.) (2005): Bürgermeister in Deutschland. Politikwissenschaftliche Studien zu direkt gewählten Bürgermeistern. Wiesbaden: VS Verlag für Sozialwissenschaften (Stadtforschung aktuell, 102).

Bogumil, Jörg; Holtkamp, Lars (2013): Kommunalpolitik und Kommunalverwaltung. Eine praxisorientierte Einführung. Bonn: Bpb Bundeszentrale für Politische Bildung (Schriftenreihe / Bundeszentrale für Politische Bildung, 1329).

Dols, Heinz; Plate, Klaus (2005): Kommunalrecht Baden-Württemberg. 6. Auflage Stuttgart: Kohlhammer (Recht und Verwaltung).

Egner, Björn; Heinelt, Hubert (2005): Sozialprofil und Handlungsorientierung von Bürgermeistern in Deutschland. In: Bogumil, Jörg; Heinelt, Hubert (Hg.): Bürgermeister in Deutschland. Politikwissenschaftliche Studien zu direkt gewählten Bürgermeistern. Wiesbaden: VS Verlag für Sozialwissenschaften (Stadtforschung aktuell, 102), S. 143-200.

Egner, Björn (2007): Einstellungen deutscher Bürgermeister. Baden-Baden: Nomos.

Fleckenstein, Jürgen (2016): Rechtliche Grundsätze bei Bürgermeisterwahlen. In: Witt, Paul (Hg.): Karrierechance Bürgermeister. Leitfaden für die erfolgreiche Kandidatur und Amtsführung, 2. Auflage, S. 64-78.

Gehne, David H.; Holtkamp, Lars (2005): Fraktionsvorsitzende und Bürgermeister in NRW und Baden-Württemberg. In: Bogumil, Jörg; Heinelt, Hubert (Hg.): Bürgermeister in Deutschland. Politikwissenschaftliche Studien zu direkt gewählten Bürgermeistern. Wiesbaden: VS Verlag für Sozialwissenschaften (Stadtforschung aktuell, 102), S. 87-142.

Holtkamp, Lars (2008): Kommunale Konkordanz- und Konkurrenzdemokratie. Parteien und Bürgermeister in der repräsentativen Demokratie. 1. Auflage Wiesbaden: VS Verlag für Sozialwissenschaften (Gesellschaftspolitik und Staatstätigkeit, 30).

Holzwarth, Erich (2016): Erfolgsfaktoren für Oberbürgermeisterwahlen. Dissertation an der Universität Stuttgart. Norderstedt: Books on Demand.

Kehle, Roger (2010): Rechtliche Grundsätze bei Bürgermeisterwahlen. In: Witt, Paul (Hg.): Karrierechance Bürgermeister. Leitfaden für die erfolgreiche Kandidatur, 1. Auflage, S. 91-108.

Kern, Timm (2007): Warum werden Bürgermeister abgewählt? Eine Studie aus Baden-Württemberg über den Zeitraum von 1973 bis 2003. 2. Auflage. Stuttgart: Kohlhammer.

Klein, Alexandra (2014): Bürgermeisterwahlen in Baden-Württemberg. Wahlbeteiligung, Wahltypen und Sozialprofil. Stuttgart: Kohlhammer.

Kost, Andreas; Wehling, Hans-Georg (2003): Kommunalpolitik in den deutschen Ländern. Eine Einführung. Wiesbaden: VS Verlag für Sozialwissenschaften.

Köser, Helmut; Caspers-Merk, Marion (1989): Einfluss und Steuerungspotential kommunaler Mandatsträger in Baden-Württemberg. In: Schimanke, Dieter (Hg.): Stadtdirektor oder

Bürgermeister. Beiträge zu einer aktuellen Kontroverse. Wiesbaden: VS Verlag für Sozialwissenschaften (Stadtforschung aktuell, 23).

Löffler, Berthold (2010): Bürgermeisterwahlkampf – Strategie und Taktik. In: Witt, Paul (Hg.): Karrierechance Bürgermeister. Leitfaden für die erfolgreiche Kandidatur und Amtsführung, 1. Auflage, S. 53-89.

Moeller, Achim; Jungblut, Gwendolin (2015): Wahlen gewinnen. Komplexität durchdringen; Strategie entwickeln; Begeisterung entfachen. 1. Auflage. Schwäbisch Hall: pVS - pro Verlag und Service GmbH & Co. KG (Edition der Gemeinderat).

Pfizer, Theodor; Wehling, Hans-Georg (Hg.) (2000): Kommunalpolitik in Baden-Württemberg. 3. Auflage. Stuttgart, Berlin, Köln: Kohlhammer (Schriften zur politischen Landeskunde Baden-Württembergs, Bd. 11).

Remmert, Barbara; Wehling, Hans-Georg (Hg.) (2012): Die Zukunft der kommunalen Selbstverwaltung. Stuttgart: Kohlhammer (Schriften zur politischen Landeskunde Baden-Württembergs, 39).

Roth, Nobert (Hg.) (1998): Position und Situation der Bürgermeister in Baden-Württemberg. Stuttgart: Kohlhammer.

Schäffler, Albert (1866): Beiträge zu einer vergleichenden Darstellung der deutschen Gemeindeorganisation. In: Zeitschrift für die gesamte Staatswissenschaft 22, S. 17-86.

Schimanke, Dieter (Hg.) (1989): Stadtdirektor oder Bürgermeister. Beiträge zu einer aktuellen Kontroverse. Wiesbaden: VS Verlag für Sozialwissenschaften (Stadtforschung aktuell, 23).

Stortz, Oliver (2009): Das Prinzip der besten Köpfe. Die Freien Wähler in Baden-Württemberg; eine landespolitische Perspektive. (Veröffentlichte Magisterarbeit an der Universität Tübingen) 1. Auflage. Norderstedt: Books on Demand.

Weber, Reinhold; Wehling, Hans-Georg (2006): Baden-Württemberg. Gesellschaft, Geschichte, Politik. Stuttgart: W. Kohlhammer.

Wehling, Hans-Georg; Siewert, Hans-Jörg (1984): Der Bürgermeister in Baden-Württemberg. Eine Monographie. Stuttgart: W. Kohlhammer.

Wehling, Hans-Georg (Hg.) (1985): Regionale politische Kultur. Stuttgart: Kohlhammer (Kohlhammer-Taschenbücher Bürger im Staat, 1069).

Wehling, Hans Georg (1991): Parteipolitisierung von lokaler Politik und Verwaltung? Zur Rolle der Parteien in der Kommunalpolitik. In: Heinelt, Hubert; Wollmann, Helmut (Hg.): Brennpunkt Stadt. Stadtpolitik und lokale Politikforschung in den 80er und 90er Jahren. Basel, S. 149-166.

Wehling, Hans-Georg (2000): Bürgermeister. Rechtsstellung, Sozialprofil, Funktionen. In: Pfizer, Theodor; Wehling, Hans-Georg (Hg.): Kommunalpolitik in Baden-Württemberg. 3. Auflage, Stuttgart, Berlin, Köln: Kohlhammer (Schriften zur politischen Landeskunde Baden-Württembergs, Bd. 11), S. 172-186.

Wehling, Hans-Georg (2003): Kommunalpolitik in Baden-Württemberg. In: Kost, Andreas; Wehling, Hans-Georg: Kommunalpolitik in den deutschen Ländern. Eine Einführung. Wiesbaden: VS Verlag für Sozialwissenschaften, S. 23-40.

Wehling, Hans Georg (2004): Politische Kultur. In: Michael Eilfort (Hg.): Parteien in Baden-Württemberg, Stuttgart, S. 201-218.

Wehling, Hans-Georg (2007a): Zum wissenschaftlichen und politischen Stellenwert der Studie über Abwahlen. In: Kern, Timm: Warum werden Bürgermeister abgewählt? Eine Studie aus Baden-Württemberg über den Zeitraum von 1973 bis 2003. 2. Auflage Stuttgart: Kohlhammer, S. 7-9.

Wehling, Hans-Georg; Wehling, Rosemarie (2007b): Politische Kultur und Geschichte im deutschen Südwesten. In: Schmid, Josef / Zolleis, Udo: Wahlkampf im Südwesten, Berlin, S. 13-31.

Wehling, Hans-Georg (2012): Bürgermeister. In: Remmert, Barbara; Wehling, Hans-Georg (Hg.): Die Zukunft der kommunalen Selbstverwaltung. Stuttgart: Kohlhammer (Schriften zur politischen Landeskunde Baden-Württembergs, 39), S. 61-77.

Wehling, Hans-Georg (2016): Wer wird Bürgermeister? In: Witt, Paul (Hg.): Karrierechance Bürgermeister. Leitfaden für die erfolgreiche Kandidatur und Amtsführung, 2. Auflage, S. 15-27.

Wissmann, Monika; Wissmann, Martin (2012): Was dürfen Bürgermeister. 2. Auflage Wiesbaden: Kommunal- und Schul-Verlag (Bürgermeisterpraxis).

Witt, Paul (Hg.) (2016a): Karrierechance Bürgermeister. Leitfaden für die erfolgreiche Kandidatur und Amtsführung. 2. Auflage. Stuttgart: Boorberg.

Witt, Paul (2016b): Wohin entwickelt sich der Beruf der Bürgermeisterin / des Bürgermeisters? In: Witt, Paul (Hg.): Karrierechance Bürgermeister. Leitfaden für die erfolgreiche Kandidatur und Amtsführung, 2. Auflage, S. 207-221.

Zerr, Michael (2005): Bürgermeister im Kreistag. Empirische Untersuchung am Beispiel Baden-Württemberg. Zugl.: Tübingen, Universität, Dissertation, 2005. 1. Auflage Baden-Baden: Nomos (Kommunalrecht - Kommunalverwaltung, 47).

Aufsätze / Zeitschriften

Brugger, Norbert (2008): „Welche Wahlbeteiligungsquote ist zu erwarten? – Antworten auf diese und elf andere häufige Fragen zu Kommunalwahlen“, Wahlanalysen des Städtetags Baden-Württemberg, Stuttgart.

Bundezentrale für politische Bildung (Hg.) (2006): Informationen zur politischen Bildung Nr. 242/2006. „Kommunalpolitik“ (Autor: Hans-Georg Wehling), Bonn.

Die Fundstelle Baden-Württemberg (2018): Fachzeitschrift für die kommunale Praxis 14/2018. „Professionelle Positionierung im Bürgermeisterwahlkampf in Baden-Württemberg (Teil 3)“, Stuttgart, S. 573-580.

Statistisches Bundesamt (2016): Hochschulen auf einen Blick, Ausgabe 2016, Wiesbaden.

Statistisches Landesamt Baden-Württemberg (Hg.) (2018): Statistische Berichte Baden-Württemberg, Artikel-Nr. 3122 17001 Bevölkerung und Erwerbstätigkeit am 30. Juni 2017, Stuttgart, S. 5. Online abrufbar unter: https://www.statistik-bw.de/Service/Veroeff/Statistische _Berichte/312217001.pdf

Statistisches Landesamt Baden-Württemberg (Hg.) (2017a): Statistisches Monatsheft Baden-Württemberg 1/2017. „Bürgermeisterwahlen in Baden-Württemberg; Eine Analyse auf der Basis der Wahlen von 2010 bis 2015; Teil 1: Bürgermeisterwahlen und die Bewerber" (Autor: Thomas Schwarz), Stuttgart, S. 29-40.

Statistisches Landesamt Baden-Württemberg (Hg.) (2017b): Statistisches Monatsheft Baden-Württemberg 2/2017. „Bürgermeisterwahlen in Baden-Württemberg; Eine Analyse auf der Basis der Wahlen von 2010 bis 2015; Teil 2: Teil 2: Ergebnisse der Bürgermeisterwahlen und Wahlbeteiligung" (Autor: Thomas Schwarz), Stuttgart, S. 25-35.

Wehling, Hans-Georg (2006): „Unterschiedliche Verfassungsmodelle". In: Informationen zur politischen Bildung „Kommunalpolitik" der Bundezentrale für politische Bildung Nr. 242/2006, S. 28-45.

Witt, Paul (2007) Die Entwicklung des Berufsbilds der Bürgermeisterin / des Bürgermeisters in Deutschland am Beispiel von Baden-Württemberg. In: Verwaltungszeitung Baden-Württemberg, Ausgabe Nr. 5, Dezember 2005 und Ausgabe Nr. 6, Februar 2007. Online abrufbar unter: http://www.verwaltungmodern.de/wp-content/uploads/2007/ 04/entwicklungbuergermeisterberuf.pdf.

Archivgut

Statistische Landesämter Stuttgart, Karlsruhe, Freiburg, Tübingen (1952): Amtliches Gemeindeverzeichnis Baden-Württemberg - Wohnbevölkerung nach der Volkszählung vom 13. September 1950; Fläche und fortgeschriebene Bevölkerung nach dem Stand vom 1. Januar 1952. Statistik von Baden-Württemberg, Band 2.

Graue Literatur / Hochschulschriften

Huzel, Vinzenz (2016): Bürgermeisterbefragung 2015, Hochschule für öffentliche Verwaltung Kehl, (Unveröffentlichte Dissertation bei Prof. Dr. Hubert Heinelt und PD Dr. Björn Egner, TU Darmstadt, Stand: 2016).

Liebing, Norman (2018): Junge Bürgermeister in Rathäusern - Eine Trendwende im Landkreis Rastatt? Unveröffentlichtes Essay im MPM16 an der Hochschule Kehl.

Nothacker, Heiko (2009): Die Bürgermeister/-innen in Baden-Württemberg. Unveröffentlichte Magisterarbeit. Hochschule für öffentliche Verwaltung und Finanzen, Ludwigsburg.

Tabor, Manuel (2006): Bürgermeister in Baden-Württemberg – Anspruch und Wirklichkeit. Eine Untersuchung von Sozialprofil und Aufgaben der Amtsinhaber, sowie der Anforderungen und Vorstellungen der Wähler. Diplomarbeit an der FH Kehl.

Wißkirchen, Gerold (2001): Bürgermeister in Baden-Württemberg – Versuch einer Typologisierung. Stuttgart. Unveröffentlichte Magisterarbeit.

Witt, Paul; Krause, Christina (2016c): Frauen als Ober-/Bürgermeisterinnen immer noch eine Rarität? Hintergründe – Gründe – Analysen – Lösungsmöglichkeiten. Fachprojektarbeit an der Hochschule für öffentliche Kehl. Online abrufbar unter http://www.hs-kehl.de/fileadmin/hsk/Forschung/Dokumente/PDF/Frauen_als_Buergermeisterin_Gesamtergebnis_mit_Anlagen.pdf, abgerufen am 09.11.2018.

Witt, Paul; Krause, Christina (2011): Wer wird gewählt? Analyse von (Ober-) Bürgermeisterwahlen. Empirisches Fachprojekt 2010-2011 an der Hochschule Kehl.

Presseerzeugnisse

Badische Zeitung (2018), Interview mit dem "Bürgermeistermacher": Diese Fähigkeiten braucht ein OB vom 03.02.2018, online abgerufen unter https://www.badische-zeitung.de/interview-mit-dem-buergermeistermacher-diese-faehigkeiten-braucht-ein-ob am 22.07.2018.

BNN (2017): Rechtsradikaler will Bürgermeister werden, 10.03.2017, online abgerufen unter www.bnn.de/lokales/rastatt/rechtsradikaler-will-buergermeister-werden am 11.08.2018.

WirtschaftsWoche (2015): Mit der Zahl der Mails steigt der Stresspegel vom 29.09.2015, online abgerufen unter www.wiwo.de/technologie/digitale-welt/e-mail-flut-mit-der-zahl-der-mails-steigt-der-stresspegel/12331198.html am 29.07.2018.

Städte und Kommunen

Au am Rhein (2017): Endgültiges Wahlergebnis Bürgermeisterwahl 2017, 09.04.2017, online abgerufen unter http://www.wahlen.kdrs.de/ AGS216002/216002m-090417.htm am 11.08.2018.

Gesetze

GemO Gemeindeordnung für Baden-Württemberg in der Fassung vom 24. Juli 2000, zuletzt geändert durch Artikel 7 der Verordnung vom 23. Februar 2017 (GBl. S. 99, 100).

KomWG Kommunalwahlgesetz Baden-Württemberg in der Fassung vom 1. September 1983, zuletzt geändert durch Artikel 4 des Gesetzes vom 19. Juni 2018 (GBl. S. 221, 223).

KomWO Kommunalwahlordnung Baden-Württemberg in der Fassung vom 2. September 1983, zuletzt geändert durch Verordnung vom 13. Juli 2018 (GBl. S. 298).

Anlagen

Anlage 1 – Anschreiben an die Respondenten

Norman Liebing •

Bürgermeisteramt Baden-Baden
Oberbürgermeisterin
Margret Mergen
Marktplatz 2
76530 Baden-Baden

Norman Liebing

dienstlich:
mobil:
E-Mail:
Mein Zeichen: BAD01

Bretten, den 13.07.2018

Das Sozialprofil der Ober-/Bürgermeister(innen) im ehem. badischen Landesteil
Eine Umfrage auf einer DIN A4 Seite im Rahmen der Erforschung des „Baden-Profils“

Sehr geehrte Oberbürgermeisterin Mergen,

in Baden sind die „Bürgermeister *eher* keine gelernten Verwaltungsfachleute, *eher* aus ihrem jeweiligen Amtsort stammend und *eher* Mitglieder einer politischen Partei“!?

Diese Aussage - das sog. Baden-Profil - erforschte Prof. Dr. Wehling in den frühen 1980er Jahren. Seitdem fand keine wissenschaftliche Überprüfung dieser Merkmale im Sozialprofil der Amtsträger statt. Dies zu ändern, ist der Anlass meines Schreibens an Sie als amtierendes Oberhaupt einer im historischen badischen Landesteil gelegenen Kommune.

Mein Name ist Norman Liebing, Hauptamtsleiter der Gemeinde Wiernsheim (Enzkreis). Parallel fertige ich meine Masterthesis an der Hochschule Kehl im Masterstudiengang Public Management.

Ihre Zeit ist knapp und wertvoll. Dementsprechend habe ich meine Fragen an Sie in beigefügtem Fragebogen **kompakt auf 1 Seite** zusammengeführt. Überzeugen Sie sich bitte selbst, das alles wird Sie **nicht mehr als 4 Minuten** kosten. Versprochen! Mit dem umseitig abgedruckten Antwortschreiben einfach danach in den Postausgang legen – fertig!

Ihre Angaben sind persönlich. Deswegen kontaktiere ich Sie bewusst auch auf dem klassischen Weg eines persönlichen Briefes und nicht via E-Mail.

Auch im Namen des **Rektors der Hochschule Kehl, Prof. Paul Witt**, der diese Untersuchung betreut, bedanke ich mich im Voraus recht herzlich bei Ihnen für Ihre Unterstützung und Zeit!

Mit freundlichen Grüßen

Norman Liebing

Anlage 2 – Fragebogen

Ausfüllhinweise: In 4 Minuten und 4 Schritten fertig!
1. Fragebogen bitte ausfüllen 2. Bitte wenden

0 Bitte geben Sie zu Beginn allgemeine Eckdaten zu Ihrer Person / Stellung an.
Bitte jeweils nur eine Antwortmöglichkeit ankreuzen bzw. Angaben möglichst genau machen, ggf. Näherungsangaben (z. B. nur das Jahr)

1.1) Ich bin ☐ hauptamtliche/r ☐ ehrenamtliche/r (Ober-)Bürgermeister/in.
1.2) Ich bin am _____._____.19_____ geboren und habe am _____._____._________ das jetzige Amt erstmals angetreten.
1.3) Ich bin daneben in einer weiteren Kommune Bürgermeister/in: ☐ nein ☐ ja, in..............................

1 Wo sind Sie *aufgewachsen*? (der Ort, in dem Sie bis zu Ihrem 18. Lebensjahr am längsten gewohnt haben)
Bitte nur eine Antwortmöglichkeit ankreuzen.

☐ im jetzigen Amtsort
☐ hier im Landkreis
☐ in der Region, Entfernung ca. _______km
☐ in Baden-Württemberg
☐ in der Bundesrepublik, außerhalb Baden-Württembergs
☐ in einem heutigen Mitgliedsstaat der EU, außerhalb der BRD
☐ außerhalb der Europäischen Union

2 Welche/n Tätigkeit / Beruf haben Sie unmittelbar vor Amtsantritt ausgeübt?
(Diejenige Angabe, die einst bei der Erstwahl auf dem Stimmzettel zu Ihnen vermerkt war, unabhängig ggf. abweichenden Ausbildung / Studium)

3 Haben Sie eine Hochschuleinrichtung *für Verwaltung* in Baden-Württemberg besucht und das Studium dort abgeschlossen? Wenn ja, welche?

☐ **nein**, ich habe keine Hochschuleinrichtung dieser Art besucht bzw. das Studium nicht beendet.
☐ **ja**, und zwar in ☐ Haigerloch ☐ Karlsruhe ☐ Ludwigsburg ☐ Konstanz
☐ Kehl ☐ Stuttgart ☐ eine andere, nämlich in:..............................

4 Sind Sie Mitglied einer Partei oder einer Wählervereinigung?
Wenn ja, welcher? Wenn nein, weiter zu Frage 7.

☐ Ich gehöre **keiner** Partei an. ☐ FDP ☐ AfD ☐ Freie Wähler
☐ CDU ☐ SPD ☐ GRÜNE ☐ LINKE ☐ andere..............................

5 Seit wann sind Sie Mitglied einer Partei oder einer Wählervereinigung (WV)?

☐ Ich bin bereits **vor** meiner ersten Wahl Mitglied der Partei / WV gewesen.
☐ Ich bin **nach** meiner 1. Wahl in meine Partei / WV eingetreten, um für den **Kreistag** kandidieren zu können.
☐ Ich bin **nach** meiner 1. Wahl in meine Partei / WV eingetreten.

6 Hatten Sie bis zum Zeitpunkt Ihrer ersten Wahl zur/m (Ober-)Bürgermeister/in eine Funktion innerhalb Ihrer Partei (z. B. Ortsverband / Kreisverband) oder gar ein Mandat (Landtags- bzw. Bundestagsmandat) inne? Wenn ja, welches?

7 Welche Fraktion stellt mit wie vielen Sitzen aktuell in Ihrem Gemeinderat die stärkste Gruppierung?
Bitte notieren Sie die stärkste Fraktion (Mehrfachnennung möglich!) mit ihrer Sitzzahl und die Gesamtsitzzahl des Gremiums.

Stärkste Fraktion(en) mit Sitzzahl: .... Gesamtzahl Sitze im Rat ....

8 Welcher der folgenden Aussagen können Sie *eher* zustimmen?

☐ Parteien haben auf dem Rathaus nichts zu suchen. Hier geht es um Sachfragen.
☐ Ohne Parteien wird die Stadt-, bzw. Gemeindepolitik zur Kirchturmpolitik.

9 Verstehen Sie sich stärker als Verwaltungsfachmann oder als Politiker?

☐ Verwaltungsfachmann ☐ Politiker ☐ beides gleichwertig

10 Ist nach Ihrem subjektivem Empfinden Wehlings These *„Bürgermeister in Baden sind eher keine gelernten Verwaltungsfachleute, eher aus ihrem jeweiligen Amtsort stammend und eher Mitglieder einer politischen Partei"* allgemein weiterhin zutreffend? Bitte begründen Sie kurz Ihre Auffassung.

....

....

Anlage 3 – Vorbereitetes Antwortschreiben (umseitig)

Ausfüllhinweise: In 4 Minuten und 4 Schritten fertig!

3. Am Seitenende unterschreiben **4.** In den Postausgang geben – fertig! Herzlichen Dank für Ihre Zeit!

Absender Bürgermeisteramt Baden-Baden
Marktplatz 2
76530 Baden-Baden

Hinweis: Ich habe bewusst meine Ausführungen sehr kurz gehalten. Sie wünschen nähere Informationen zum Thema oder haben Rückfragen zum Fragebogen? Ich stehe Ihnen gern zur Verfügung. Kontaktieren Sie mich – telefonisch oder via E-Mail!

Verarbeitungszeichen: BAD01

Fragebogen bis spätestens 19. August 2018 zurück an:

Herrn
Norman Liebing

Das Sozialprofil der Ober-/Bürgermeister(innen) im ehemaligen badischen Landesteil
Hier: Antwort zur Umfrage im Rahmen der Erforschung des „Baden-Profils"

Sehr geehrter Herr Liebing,

anbei erhalten Sie umseitig meine Antworten zu den von Ihnen aufgeworfenen Fragen zum Sozialprofil der Bürgermeister im historischen badischen Landesteil.

An den Ergebnissen Ihrer Untersuchung sind wir

☐ nicht interessiert.

☐ interessiert, bitte lassen Sie uns diese nach Fertigstellung der Arbeit zukommen.

Für die weitere Forschungsarbeit wünsche ich Ihnen viel Erfolg und verbleibe

Mit freundlichen Grüßen

Mergen

Oberbürgermeisterin

Anlage 4 – Nicht untersuchte „heterogene“ Kommunen

Landkreis (Anzahl Kommunen)	Einwohner	unter 2.000	2.000-5.000	5.000-10.000	10.000-20.000	20.000-50.000	50.000-100.000	über 100.000
Main-Tauber-Kreis (3)	Lauda-Königshofen				X (14.500)			
	Bad Mergentheim					X (23.000)		
	Assamstadt		X (2.200)					
Hohenlohekreis (2)	Krautheim		X (4.500)					
	Schöntal			X (5.500)				
LK Heilbronn (7)	Widdern	X (1.800)						
	Möckmühl			X (7.900)				
	Neudenau			X (5.100)				
	Neuenstadt a. K.			X (9.600)				
	Bad Rappenau					X (20.500)		
	Leingarten				X (11.100)			
	Eppingen					X (21.000)		
LK Karlsruhe-Land (1)	Oberderdingen				X (10.500)			
Enzkreis (3)	Ölbronn-Dürrn		X (3.400)					
	Keltern			X (9.200)				
	Straubenhardt				X (11.000)			
LK Rottweil (1)	Schramberg					X (21.000)		
Schwarzwaldd-Baar-Kreis(1	Villingen-Schwenningen						X (85.000)	
LK Tuttlingen (3)	Tuttlingen					X (34.500)		
	Neuhausen ob Eck		X (4.000)					
	Buchheim	X (700)						
Zollernalbkreis (1)	Meßstetten				X (12.500)			
LK Sigmaringen (13)	Schwenningen	X (1.600)						
	Stetten a.k.M.		X (4.800)					
	Beuron	X (650)						
	Sigmaringen				X (18.500)			
	Inzigkofen		X (2.800)					
	Leibertingen		X (2.100)					
	Meßkirch			X (8.300)				
	Sauldorf		X (2.500)					
	Krauchenwies		X (4.900)					
	Wald		X (2.600)					
	Herdwangen-Schönach		X (3.400)					
	Pfullendorf				X (13.000)			
	Ostrach			X (6.800)				
LK Ravensburg (1)	Wilhelmsdorf		X (4.900)					
Bodenseekreis (1)	Friedrichshafen						X (59.000)	
GESAMTMENGE	n=37	4	12	7	7	5	2	0

Anlage 5 – Übersicht aller „homogenen“ badischen Kommunen

Kommune	Landkreis
Baden-Baden	Stadtkreis
Au im Hexental	Breisgau-Hochschwarzwald
Auggen	Breisgau-Hochschwarzwald
Bad Krozingen	Breisgau-Hochschwarzwald
Badenweiler	Breisgau-Hochschwarzwald
Ballrechten-Dottingen	Breisgau-Hochschwarzwald
Bollschweil	Breisgau-Hochschwarzwald
Bötzingen	Breisgau-Hochschwarzwald
Breisach am Rhein	Breisgau-Hochschwarzwald
Breitnau	Breisgau-Hochschwarzwald
Buchenbach	Breisgau-Hochschwarzwald
Buggingen	Breisgau-Hochschwarzwald
Ebringen	Breisgau-Hochschwarzwald
Ehrenkirchen	Breisgau-Hochschwarzwald
Eichstetten am Kaiserstuhl	Breisgau-Hochschwarzwald
Eisenbach (Hochschwarzw.)	Breisgau-Hochschwarzwald
Eschbach, Markgräflerland	Breisgau-Hochschwarzwald
Feldberg (Schwarzwald)	Breisgau-Hochschwarzwald
Friedenweiler	Breisgau-Hochschwarzwald
Glottertal	Breisgau-Hochschwarzwald
Gottenheim	Breisgau-Hochschwarzwald
Gundelfingen	Breisgau-Hochschwarzwald
Hartheim	Breisgau-Hochschwarzwald
Heitersheim	Breisgau-Hochschwarzwald
Heuweiler	Breisgau-Hochschwarzwald
Hinterzarten	Breisgau-Hochschwarzwald
Horben	Breisgau-Hochschwarzwald
Ihringen am Kaiserstuhl	Breisgau-Hochschwarzwald
Kirchzarten	Breisgau-Hochschwarzwald
Lenzkirch	Breisgau-Hochschwarzwald
Löffingen	Breisgau-Hochschwarzwald

March	Breisgau-Hochschwarzwald
Merdingen	Breisgau-Hochschwarzwald
Merzhausen	Breisgau-Hochschwarzwald
Müllheim	Breisgau-Hochschwarzwald
Münstertal/Schwarzwald	Breisgau-Hochschwarzwald
Neuenburg am Rhein	Breisgau-Hochschwarzwald
Oberried	Breisgau-Hochschwarzwald
Pfaffenweiler	Breisgau-Hochschwarzwald
Schallstadt	Breisgau-Hochschwarzwald
Schluchsee	Breisgau-Hochschwarzwald
Sölden	Breisgau-Hochschwarzwald
St. Märgen	Breisgau-Hochschwarzwald
St. Peter	Breisgau-Hochschwarzwald
Staufen im Breisgau	Breisgau-Hochschwarzwald
Stegen	Breisgau-Hochschwarzwald
Sulzburg	Breisgau-Hochschwarzwald
Titisee-Neustadt	Breisgau-Hochschwarzwald
Umkirch	Breisgau-Hochschwarzwald
Vogtsburg im Kaiserstuhl	Breisgau-Hochschwarzwald
Wittnau	Breisgau-Hochschwarzwald
Bermatingen	Bodenseekreis
Daisendorf	Bodenseekreis
Deggenhausertal	Bodenseekreis
Frickingen	Bodenseekreis
Hagnau	Bodenseekreis
Heiligenberg	Bodenseekreis
Immenstaad	Bodenseekreis
Markdorf	Bodenseekreis
Meersburg	Bodenseekreis
Owingen	Bodenseekreis
Salem	Bodenseekreis
Sipplingen	Bodenseekreis
Stetten	Bodenseekreis
Überlingen	Bodenseekreis
Uhldingen-Mühlhofen	Bodenseekreis

Bahlingen am Kaiserstuhl	Emmendingen
Biederbach	Emmendingen
Denzlingen	Emmendingen
Emmendingen	Emmendingen
Elzach	Emmendingen
Endingen am Kaiserstuhl	Emmendingen
Forchheim	Emmendingen
Freiamt	Emmendingen
Gutach im Breisgau	Emmendingen
Herbolzheim	Emmendingen
Kenzingen	Emmendingen
Malterdingen	Emmendingen
Reute	Emmendingen
Rheinhausen	Emmendingen
Riegel am Kaiserstuhl	Emmendingen
Sasbach am Kaiserstuhl	Emmendingen
Sexau	Emmendingen
Simonswald	Emmendingen
Teningen	Emmendingen
Vörstetten	Emmendingen
Waldkirch	Emmendingen
Weisweil	Emmendingen
Winden im Elztal	Emmendingen
Wyhl am Kaiserstuhl	Emmendingen
Eisingen	Enzkreis
Ispringen	Enzkreis
Kämpfelbach	Enzkreis
Kieselbronn	Enzkreis
Königsbach-Stein	Enzkreis
Neuhausen	Enzkreis
Neulingen	Enzkreis
Niefern-Öschelbronn	Enzkreis
Remchingen	Enzkreis
Tiefenbronn	Enzkreis
Freiburg	Stadtkreis

Bad Rippoldsau-Schapbach	Freudenstadt
Heidelberg	Stadtkreis
Gemmingen	Heilbronn
Ittlingen	Heilbronn
Kirchardt	Heilbronn
Siegelsbach	Heilbronn
Bad Schönborn	Karlsruhe Land
Bretten	Karlsruhe Land
Bruchsal	Karlsruhe Land
Dettenheim	Karlsruhe Land
Eggenstein-Leopoldshafen	Karlsruhe Land
Ettlingen	Karlsruhe Land
Forst	Karlsruhe Land
Gondelsheim	Karlsruhe Land
Graben-Neudorf	Karlsruhe Land
Hambrücken	Karlsruhe Land
Karlsbad	Karlsruhe Land
Karlsdorf-Neuthard	Karlsruhe Land
Kraichtal	Karlsruhe Land
Kronau	Karlsruhe Land
Kürnbach	Karlsruhe Land
Linkenheim-Hochstetten	Karlsruhe Land
Malsch	Karlsruhe Land
Marxzell	Karlsruhe Land
Oberhausen-Rheinhausen	Karlsruhe Land
Östringen	Karlsruhe Land
Pfinztal	Karlsruhe Land
Philippsburg	Karlsruhe Land
Rheinstetten	Karlsruhe Land
Stutensee	Karlsruhe Land
Sulzfeld	Karlsruhe Land
Ubstadt-Weiher	Karlsruhe Land
Waghäusel	Karlsruhe Land
Waldbronn	Karlsruhe Land
Walzbachtal	Karlsruhe Land

Weingarten (Baden)	Karlsruhe Land
Zaisenhausen	Karlsruhe Land
Karlsruhe	Stadtkreis
Aach	Kostanz
Allensbach	Kostanz
Bodman-Ludwigshafen	Kostanz
Büsingen	Kostanz
Eigeltingen	Kostanz
Engen	Kostanz
Gaienhofen	Kostanz
Gailingen am Hochrhein	Kostanz
Gottmadingen	Kostanz
Hilzingen	Kostanz
Konstanz	Kostanz
Moos	Kostanz
Mühlhausen-Ehingen	Kostanz
Mühlingen	Kostanz
Öhningen	Kostanz
Orsingen-Nenzingen	Kostanz
Radolfzell	Kostanz
Reichenau	Kostanz
Rielasingen-Worblingen	Kostanz
Singen	Kostanz
Steißlingen	Kostanz
Stockach	Kostanz
Tengen	Kostanz
Volkertshausen	Kostanz
Aitern	Lörrach
Bad Bellingen	Lörrach
Binzen	Lörrach
Böllen	Lörrach
Efringen-Kirchen	Lörrach
Eimeldingen	Lörrach
Fischingen	Lörrach
Fröhnd	Lörrach

Grenzach-Wyhlen	Lörrach
Häg-Ehrsberg	Lörrach
Hasel	Lörrach
Hausen im Wiesental	Lörrach
Inzlingen	Lörrach
Kandern	Lörrach
Kleines Wiesental	Lörrach
Lörrach	Lörrach
Malsburg-Marzell	Lörrach
Maulburg	Lörrach
Rheinfelden (Baden)	Lörrach
Rümmingen	Lörrach
Schallbach	Lörrach
Schliengen	Lörrach
Schönau im Schwarzwald	Lörrach
Schönenberg	Lörrach
Schopfheim	Lörrach
Schwörstadt	Lörrach
Steinen	Lörrach
Todtnau	Lörrach
Tunau	Lörrach
Utzenfeld	Lörrach
Weil am Rhein	Lörrach
Wembach	Lörrach
Wieden	Lörrach
Wittlingen	Lörrach
Zell im Wiesental	Lörrach
Mannheim	Stadtkreis
Ahorn	Main-Tauber-Kreis
Boxberg	Main-Tauber-Kreis
Freudenberg	Main-Tauber-Kreis
Großrinderfeld	Main-Tauber-Kreis
Grünsfeld	Main-Tauber-Kreis
Königheim	Main-Tauber-Kreis
Külsheim	Main-Tauber-Kreis

Tauberbischofsheim	Main-Tauber-Kreis
Werbach	Main-Tauber-Kreis
Wertheim	Main-Tauber-Kreis
Wittighausen	Main-Tauber-Kreis
Adelsheim	Neckar-Odenwald
Aglasterhausen	Neckar-Odenwald
Billigheim	Neckar-Odenwald
Binau	Neckar-Odenwald
Buchen (Odenwald)	Neckar-Odenwald
Elztal	Neckar-Odenwald
Fahrenbach	Neckar-Odenwald
Hardheim	Neckar-Odenwald
Haßmersheim	Neckar-Odenwald
Höpfingen	Neckar-Odenwald
Hüffenhardt	Neckar-Odenwald
Limbach	Neckar-Odenwald
Mosbach	Neckar-Odenwald
Mudau	Neckar-Odenwald
Neckargerach	Neckar-Odenwald
Neckarzimmern	Neckar-Odenwald
Neunkirchen	Neckar-Odenwald
Obrigheim	Neckar-Odenwald
Osterburken	Neckar-Odenwald
Ravenstein	Neckar-Odenwald
Rosenberg/Baden	Neckar-Odenwald
Schefflenz	Neckar-Odenwald
Schwarzach	Neckar-Odenwald
Seckach	Neckar-Odenwald
Waldbrunn	Neckar-Odenwald
Walldürn	Neckar-Odenwald
Zwingenberg	Neckar-Odenwald
Achern	Ortenaukreis
Appenweier	Ortenaukreis
Bad Peterstal-Griesbach	Ortenaukreis
Berghaupten	Ortenaukreis

Biberach/Baden	Ortenaukreis
Durbach	Ortenaukreis
Ettenheim	Ortenaukreis
Fischerbach	Ortenaukreis
Friesenheim	Ortenaukreis
Gengenbach	Ortenaukreis
Gutach (Schwarzwald)	Ortenaukreis
Haslach im Kinzigtal	Ortenaukreis
Hausach	Ortenaukreis
Hofstetten	Ortenaukreis
Hohberg	Ortenaukreis
Hornberg	Ortenaukreis
Kappel-Grafenhausen	Ortenaukreis
Kappelrodeck	Ortenaukreis
Kehl	Ortenaukreis
Kippenheim	Ortenaukreis
Lahr / Schwarzwald	Ortenaukreis
Lauf	Ortenaukreis
Lautenbach	Ortenaukreis
Mahlberg	Ortenaukreis
Meißenheim	Ortenaukreis
Mühlenbach	Ortenaukreis
Neuried	Ortenaukreis
Nordrach	Ortenaukreis
Oberharmersbach	Ortenaukreis
Oberkirch	Ortenaukreis
Oberwolfach	Ortenaukreis
Offenburg	Ortenaukreis
Ohlsbach	Ortenaukreis
Oppenau	Ortenaukreis
Ortenberg	Ortenaukreis
Ottenhöfen im Schwarzwald	Ortenaukreis
Renchen	Ortenaukreis
Rheinau	Ortenaukreis
Ringsheim	Ortenaukreis

Rust	Ortenaukreis
Sasbach	Ortenaukreis
Sasbachwalden	Ortenaukreis
Schuttertal	Ortenaukreis
Schutterwald	Ortenaukreis
Schwanau	Ortenaukreis
Seebach	Ortenaukreis
Seelbach	Ortenaukreis
Steinach	Ortenaukreis
Willstätt	Ortenaukreis
Wolfach	Ortenaukreis
Zell am Harmersbach	Ortenaukreis
Pforzheim	Stadtkreis
Au am Rhein	Rastatt
Bietigheim	Rastatt
Bischweier	Rastatt
Bühl	Rastatt
Bühlertal	Rastatt
Durmersheim	Rastatt
Elchesheim-Illingen	Rastatt
Forbach	Rastatt
Gaggenau	Rastatt
Gernsbach	Rastatt
Hügelsheim	Rastatt
Iffezheim	Rastatt
Kuppenheim	Rastatt
Lichtenau	Rastatt
Loffenau	Rastatt
Muggensturm	Rastatt
Ötigheim	Rastatt
Ottersweier	Rastatt
Rastatt	Rastatt
Rheinmünster	Rastatt
Sinzheim	Rastatt
Steinmauern	Rastatt

Weisenbach	Rastatt
Altlußheim	Rhein-Neckar-Kreis
Angelbachtal	Rhein-Neckar-Kreis
Bammental	Rhein-Neckar-Kreis
Brühl	Rhein-Neckar-Kreis
Dielheim	Rhein-Neckar-Kreis
Dossenheim	Rhein-Neckar-Kreis
Eberbach	Rhein-Neckar-Kreis
Edingen-Neckarhausen	Rhein-Neckar-Kreis
Epfenbach	Rhein-Neckar-Kreis
Eppelheim	Rhein-Neckar-Kreis
Eschelbronn	Rhein-Neckar-Kreis
Gaiberg	Rhein-Neckar-Kreis
Heddesbach	Rhein-Neckar-Kreis
Heddesheim	Rhein-Neckar-Kreis
Heiligkreuzsteinach	Rhein-Neckar-Kreis
Helmstadt Bargen	Rhein-Neckar-Kreis
Hemsbach	Rhein-Neckar-Kreis
Hirschberg	Rhein-Neckar-Kreis
Hockenheim	Rhein-Neckar-Kreis
Ilvesheim	Rhein-Neckar-Kreis
Ketsch	Rhein-Neckar-Kreis
Ladenburg	Rhein-Neckar-Kreis
Laudenbach	Rhein-Neckar-Kreis
Leimen	Rhein-Neckar-Kreis
Lobbach	Rhein-Neckar-Kreis
Malsch	Rhein-Neckar-Kreis
Mauer	Rhein-Neckar-Kreis
Meckesheim	Rhein-Neckar-Kreis
Mühlhausen	Rhein-Neckar-Kreis
Neckarbischofsheim	Rhein-Neckar-Kreis
Neckargemünd	Rhein-Neckar-Kreis
Neidenstein	Rhein-Neckar-Kreis
Neulußheim	Rhein-Neckar-Kreis
Nußloch	Rhein-Neckar-Kreis

Oftersheim	Rhein-Neckar-Kreis
Plankstadt	Rhein-Neckar-Kreis
Rauenberg	Rhein-Neckar-Kreis
Reichartshausen	Rhein-Neckar-Kreis
Reilingen	Rhein-Neckar-Kreis
Sandhausen	Rhein-Neckar-Kreis
Schönau	Rhein-Neckar-Kreis
Schönbrunn	Rhein-Neckar-Kreis
Schriesheim	Rhein-Neckar-Kreis
Schwetzingen	Rhein-Neckar-Kreis
Sinsheim	Rhein-Neckar-Kreis
Spechbach	Rhein-Neckar-Kreis
St. Leon-Rot	Rhein-Neckar-Kreis
Waibstadt	Rhein-Neckar-Kreis
Walldorf	Rhein-Neckar-Kreis
Weinheim	Rhein-Neckar-Kreis
Wiesenbach	Rhein-Neckar-Kreis
Wiesloch	Rhein-Neckar-Kreis
Wilhemsfeld	Rhein-Neckar-Kreis
Zuzenhausen	Rhein-Neckar-Kreis
Schenkenzell	Rottweil
Schiltach	Rottweil
Bad Dürrheim	Schwarzwald-Baar-Kreis
Blumberg	Schwarzwald-Baar-Kreis
Bräunlingen	Schwarzwald-Baar-Kreis
Brigachtal	Schwarzwald-Baar-Kreis
Dauchingen	Schwarzwald-Baar-Kreis
Donaueschingen	Schwarzwald-Baar-Kreis
Furtwangen	Schwarzwald-Baar-Kreis
Gütenbach	Schwarzwald-Baar-Kreis
Hüfingen	Schwarzwald-Baar-Kreis
Königsfeld	Schwarzwald-Baar-Kreis
Mönchweiler	Schwarzwald-Baar-Kreis
Niedereschach	Schwarzwald-Baar-Kreis
Schonach im Schwarzwald	Schwarzwald-Baar-Kreis

Schönwald im Schwarzwald	Schwarzwald-Baar-Kreis
St. Georgen	Schwarzwald-Baar-Kreis
Triberg im Schwarzwald	Schwarzwald-Baar-Kreis
Unterkirnach	Schwarzwald-Baar-Kreis
Vöhrenbach	Schwarzwald-Baar-Kreis
Illmensee	Sigmaringen
Schwenningen	Sigmaringen
Emmingen-Liptingen	Tuttlingen
Geisingen	Tuttlingen
Immendingen	Tuttlingen
Albbruck	Waldshut
Bad Säckingen	Waldshut
Bernau im Schwarzwald	Waldshut
Bonndorf im Schwarzwald	Waldshut
Dachsberg	Waldshut
Dettighofen	Waldshut
Dogern	Waldshut
Eggingen	Waldshut
Görwihl	Waldshut
Grafenhausen	Waldshut
Häusern	Waldshut
Herrischried	Waldshut
Höchenschwand	Waldshut
Hohentengen am Hochrhein	Waldshut
Ibach	Waldshut
Jestetten	Waldshut
Klettgau	Waldshut
Küssaberg	Waldshut
Lauchringen	Waldshut
Laufenburg (Baden)	Waldshut
Lottstetten	Waldshut
Murg (Baden)	Waldshut
Rickenbach	Waldshut
St. Blasien	Waldshut
Stühlingen	Waldshut

Todtmoos	Waldshut
Ühlingen-Birkendorf	Waldshut
Waldshut-Tiengen	Waldshut
Wehr	Waldshut
Weilheim	Waldshut
Wutach	Waldshut
Wutöschingen	Waldshut

Anlage 6 - Übersicht der Verdichtungsebenen 1-2 der Berufsangaben in der Kategorie Öffentlicher Dienst mit Verwaltungserfahrung

Verdichtungs-ebene 3	Verdichtungsebene 2	Verdichtungebene 1	Öffentlicher Dienst mit Verwaltungserfahrung
Kategorie 1 (Öffentlicher Dienst mit Verwaltungserfahrung)	Verwaltungsleiter (n=30)	Beigeordnete	10
		Bürgermeister in anderer Kommune	10
		Bürgermeister gem. § 63 GemO	3
		hauptamtliche Ortsvorsteher	3
		Verwaltungsleiter und Samtgemeindedirektoren (ohne nähere Angaben)	3
		Erste Landesbeamte	1
	(stv.) Leitungen von Verwaltungs-organisations-einheiten (n=95)	Hauptamtsleiter	36
		Kämmerer / Rechnungsamtsleiter / Leiter der Finanzverwaltung	26
		Ordnungsamtsleiter	5
		Hauptamtsleiter und Kämmerer *in Personalunion*	4
		Bauamtsleiter	3
		Fachbereichsleiter / Amtsleiter/ Abteilungsleiter (ohne weitere Angaben)	5
		Sachgebietsleiter Bauverwaltung	2
		Haupt- und Rechnungsamtsleiter *in Personalunion*	1
		Bau- und Hauptamtsleiter *in Personalunion*	1
		Bauamtsleiter und Kämmerer *in Personalunion*	1
		Personalleiter	1
		Leiter Personal- und Rechtsabteilung	1
		Leiter Bau- und Umweltamt einer Großen Kreisstadt	1
		Leiter Amt Kultur, Tourismus und Marketing einer großen Kreisstadt	1
		Leiter der Stabsstelle des Bürgermeisters	1
		Leiter Forstamt	1
		Wirtschaftsförderer	1
		Stellvertretende Fachbereichs- / Amts- und Sachebietsleiter	4
	Studien- und Abschlussangaben (n=39)	Diplom Verwaltungswirte	24
		Verwaltungsfachwirte	7
		Diplom Finanzwirte	3
		Verwaltungsfachangestellte	2
		Verwaltungsbetriebswirt	1
		Student Hochschule Kehl (Studium nicht abgeschlossen)	1
		Verwaltungsassessor	1
	Referenten (n=9)	Persönliche Referenten des (Ober-)Bürgermeisters	3
		Persönlicher Referent des Landrats	1
		Bürgerreferent und Leiter der Geschäftsstelle Gemeinderat und Stadtmarketing ei	1
		Referent Öffentlichkeitsarbeit und Regionalentwicklung des Regionalverbands	1
		Referent (ohne weitere Angaben)	1
		Referent in der Ministerialverwaltung	1
		Referent im Umweltministerium BaWÜ	1
	Verwaltungsbeamte und ihnen Gleichgestellte (n=30)	Verwaltungsbeamter des gehobenen Dienstes (ohne nähere Angabe)	15
		Finanzbeamte	2
		Direktoren (A15)	3
		Oberverwaltungsrat (A14)	1
		Regierungsräte (A13)	2
		Amtsräte (A12)	1
		Amtmänner (A11)	2
		Oberinspektoren (A10)	2
		Inspektoren (A9)	1
		Angestellte im öffentlichen Dienst	1
	Prüf- und Aufsichtsbehörden (n=6)	Finanzprüfer (GPA)	2
		Kommunalaufsicht Landratsamt	2
		Prüfer beim Landesrechnungshof BW	1
		Prüfer (ohne weitere Angaben)	1
	Sonstige (n=5)	Rechtspfleger beim Amtsgericht	1
		Europaexperte der Stadt Sindelfingen	1
		ehrenamtl. Ortsvorsteher / Realschullehrer	1
		Verwaltungsleiter Universitätsbibliothek Freiburg	1
		Schul- und KA-Leiter des Landkreises	1

Anlage 7 - Übersicht der Verdichtungsebenen 1-2 der Berufsangaben in der Kategorie Öffentlicher Dienst ohne Verwaltungserfahrung und der Verdichtungsebene 1 der Kategorie Privater Sektor mit verwaltungsähnlicher bzw. naher Erfahrung

Verdichtungs-ebene 3	Verdichtungsebene 2	Verdichtungebene 1	Öffentlicher Dienst mit Verwaltungserfahrung	Öffentlicher Dienst ohne Verwaltungserfahrung	Privater Sektor mit verwaltungs-ähnlicher bzw. naher Erfahrung
Kategorie 2 (Öffentlicher Dienst ohne Verwaltungserfahrung)	Polizei (n=8)	Polizeibeamter		7	
		Referent für Kriminalitätsbekämpfung beim Polizeipräsidium		1	
	Pädagogischer Bereich (n=4)	Gymnasiallehrer		1	
		Grund- und Hauptschullehrer		1	
		Lehrkraft für Verwaltungsrecht an der Hochschule für die Polizei BW		1	
		Dozent an Hochschulen		1	
	Forst (n=6)	Förster		2	
		Projektmanager Naturpark Schwarzwald		1	
		Forstsachverständiger		1	
		Forstingenieur		1	
		Forstrevierleiter		1	
	Bundes- und Landespolitik (n=6)	Persönlicher Referent des Ministerpräsidenten		1	
		Büroleiter eines MdL		1	
		Landtagsabgeordneter und Rechtsanwalt		1	
		Wahlkreisbüroleiter eines MdB		1	
		Parlamentarischer Berater im Landtag BW		1	
		Staatssekretär, Landtagsabgeordneter und Arzt		1	
	Sonstige (n=7)	Arbeitsvermittler im Arbeitsamt		2	
		Dipl. Ing. Stadtplaner		1	
		Bundesbahnsekretär		1	
		Baudirektor beim Staatsministerium BW (technischer Verwaltungsdienst)		1	
		Landschaftsarchitekt im öffentlichen Dienst		1	
		Landwirtschaftlicher Berater beim Landratsamt		1	
Kategorie 3: Priv. Sektor mit verw.ähnlicher / naher Erfahrung	Kategorie 3 Privater Sektor mit verwaltungs-ähnlicher bzw. naher Erfahrung (n=32)	Rechtsanwalt / Jurist			19
		Geschäftsführer / Prokurist			5
		Politik- und Verwaltungswissenschaftler			1
		Berater Digitalisierung und Stadtenwicklung für Kommunen in Deutschland			1
		Geschäftsführer der CDU-Stadtratsfraktion Freiburg			1
		Mitarbeiter der Landsiedlung Baden-Württemberg			1
		Dipl. Volkswirt Stadtmarketing			1
		Consultant für Softwarelösungen für Kommunen			1
		Kindergartengeschäftsführer Erzdiozöse Freiburg			1
		Leiter Wirtschaftspolitik / Strategische Fragen der IHK Saarland			1

Anlage 8 - Übersicht der Verdichtungsebenen 1-2 der Berufsangaben in der Kategorie Privater Sektor ohne Verwaltungserfahrung

Verdichtungs-ebene 3	Verdichtungsebene 2	Verdichtungebene 1	Öffentlicher Dienst mit Verwaltungserfahrung	Öffentlicher Dienst ohne Verwaltungserfahrung	Privater Sektor mit verwaltungs-ähnlicher bzw. naher Erfahrung	Privater Sektor ohne Verwaltungserfahrung
Kategorie 4 Privater Sektor ohne Verwaltungserfahrung	Unternehmensberatung (n=7)	Unternehmens- und Organisationsberatung				7
	Bankwesen (n=4)	Dipl. Bankbetriebswirt / Bankkaufmann				4
	Kaufmännische Berufe (n=8)	Kaufmann im Software-Vertrieb				1
		kaufmännischer Angestellter				1
		Vertrieb und Verkauf				1
		selbständiger Handelsvertreter				1
		Selbstständiger Kaufmann				1
		Consultant				1
		Logistikleiter Fleischwarenbetrieb				1
		Dipl. Betriebswirt				1
	Bau- und Ingenieurwesen (n=7)	Entwicklungsingenieur				1
		Bauunternehmer				1
		Dipl. Betriebswirt Controlling Maschinenbauunternehmen				1
		Dipl. Wirtschaftsingenieur				1
		Bauingenieur				1
		Dipl. Ing. Vermessungswesen				1
		Dipl. Ingenieur				1
	Handwerk und Landwirtschaft (n=5)	Bäckermeister				1
		Feinwerkmechanikermeister				1
		Heizungsbaumeister / technisch-kaufmännischer Angestellter				1
		Gas-Wasser-Inst. - Meister / Heizungs- und Lüftungsbau - Meister				1
		Leitender Angestellter in einem Industrieunternehmen				1
		Landwirt / Winzer				1
	Forschung & Wissenschaft (n=4)	Politikwissenschaftler				1
		Forschung Uni Konstanz Molekular / Neurobiologie				1
		Lehrbeauftragter				1
		wissenschaftlicher Mitarbeiter				1
	Sonstige (n=7)	Pressesprecher				2
		Diplom Theologe				1
		Management in einer kleinem/mittleren Unternehmen				1
		Angestellter				1
		Teamleiterin				1
		Freigestellter Personalratsvorsitzender / Dipl. Sozialarbeiter (FH)				1

Anlage 9 - Übersicht der n=62 Fälle, deren Berufsangabe in Kategorie 1 „Öffentlicher Dienst mit Verwaltungserfahrung" eingruppiert wurde, bei gleichzeitiger Angabe, kein Hochschulstudium für Verwaltung absolviert zu haben.

Code	Kommune	Berufsangaben, die in Kategorie 1 "Öffentlicher Dienst mit Verwaltungserfahrung" eingruppiert wurden, bei gleichzeitiger Angabe von "Kein Hochschulstudium für Verwaltung"
BAD01	Baden-Baden	Beigeordneter
BHS01	Au im Hexental	Hauptamtsleiter
BHS03	Bad Krozingen	Bürgermeister in anderer Kommune
BHS07	Bötzingen	Leiter Personal- und Rechtsabteilung einer Kommune
BHS08	Breisach am Rhein	Beigeordneter
BHS20	Gottenheim	Bau- und Hauptamtsleiter
BHS25	Hinterzarten	Bürgermeister anderer Kommune
BHS26	Horben	Hauptamtl. Bürgermeister anderer Kommune (Einst § 63 GemO-Fall)
BHS38	Pfaffenweiler	Stv. Fachbereichsleiter Baurechts- und Denkmalschutzbehörde
BHS40	Schluchsee	Verwaltungsfachwirt
BOS08	Markdorf	Leiter Amt Kultur, Tourismus und Marketing einer großen Kreisstadt
BOS12	Sipplingen	Verwaltungsfachwirt
BOS15	Uhldingen-Mühlhofen	ehrenamtl. Ortsvorsteher / Realschullehrer
EM09	Gutach im Breisgau	Prüfer beim Landesrechnungshof BW
EM21	Waldkirch	Regierungsrat im RP, Politikwissenschaftler
EM23	Winden im Elztal	Hauptamtsleiter und Kämmerer
EN02	Ispringen	Director of infrastructure in Austalien / Bauamtsleiter
FR01	Freiburg	Europaexperte der Stadt Sindelfingen
KAL01	Bad Schönborn	Abteilungsleiter in einer Großstadt
KAL07	Forst	Persönlicher Referent der Oberbürgermeisterin
KAL08	Gondelsheim	Politikwissenschaftler
KAL14	Kronau	Referent Regionalentwicklung beim Regionalverband
KAL29	Walzbachtal	Dipl. Verwaltungswirt
KON18	Reichenau	Fachbereichsleiter in einer Großen Kreisstadt
KON19	Rielasingen-Worblingen	Dipl. Finanzwirt
LÖ19	Rheinfelden (Baden)	Beigeordneter
LÖ29	Tunau	Verwaltungsfachangestellter
MTK08	Tauberbischofsheim	Samtgemeindedirektor

RA22	Steinmauern	Ortsvorsteher
RNK07	Eberbach	Bürgermeister einer anderen Kommune
RNK10	Eppelheim	Dipl. Verwaltungswirt
RNK20	Ilvesheim	Angestellter im öffentlichen Dienst
RNK22	Ladenburg	Oberverwaltungsrat
RNK24	Leimen	Bürgermeister in anderer Kommune
RNK25	Lobbach	Leitung Ordnungsamt
RNK32	Neidenstein	Rechtspfleger beim Amtsgericht
RNK33	Neulußheim	Kämmerer
RNK41	Schönau	Verwaltungsfachwirt
RNK50	Weinheim	Stadtrechtsdirektor
RNK51	Wiesenbach	Verwaltungsbetriebswirt
WA05	Dachsberg	Hauptamtsleiter
WA11	Häusern	Finanzbeamter
WA15	Ibach	Bürgermeister gem. § 63 GemO
WA18	Küssaberg	Amtsleiter
WA26	Todtmoos	Persönlicher Referent des Bürgermeisters
WA29	Wehr	Referent im Umweltministerium BaWÜ

Anlage 10 – Grafik: Herkunft der badischen Bürgermeister; eruiert mit der Frage: „Wo sind Sie aufgewachsen?“

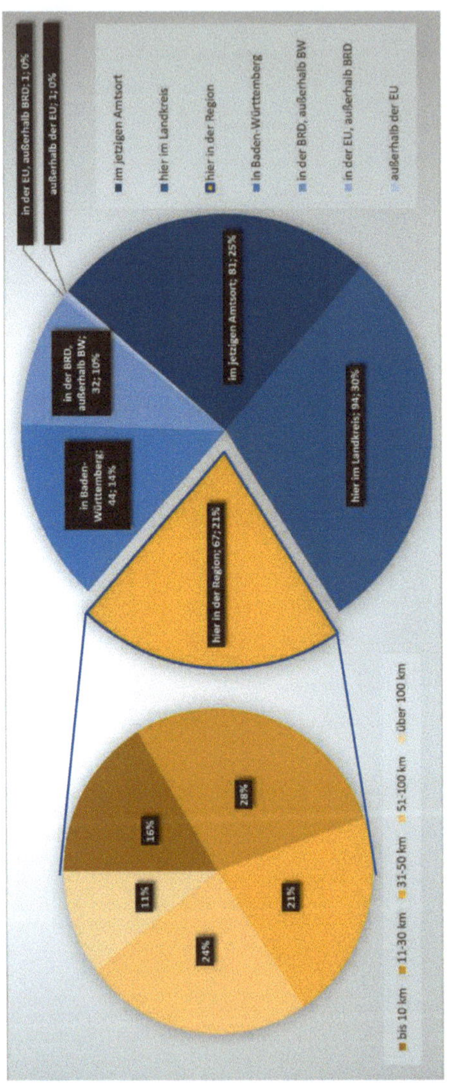

Anlage 11 - Übersicht der Bürgermeister (n=170), die innerhalb der Erhebung eine Mitgliedschaft in einer Partei angaben sowie Darstellung der vier Ballungsräume mit einem Wert von mehr als 0,5 Fällen je Kilometer Radius; historisches Baden in Gelb visualisiert

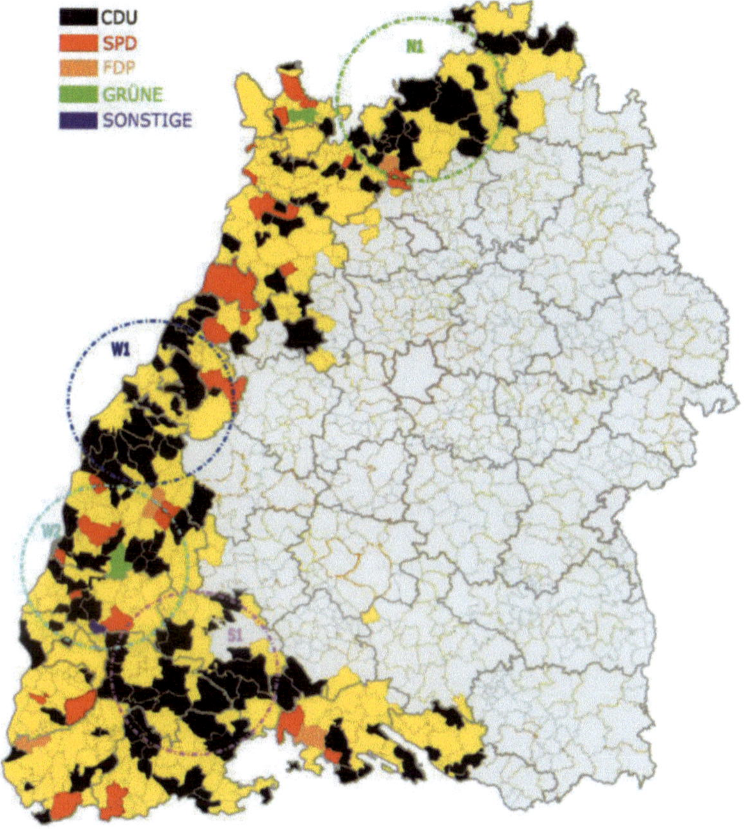

Als Ballungsräume wurden Gebiete definiert, die bei einem Radius r=25 Kilometern Luftlinie mehr als 0,5 Fallkonstellationen (Bürgermeister mit Parteimitgliedschaft) je Kilometer umfassten. Das Instrument der Ballungsräume ist ein Hilfskonstrukt und kann Unschärfen in Folge unterschiedlicher Gemarkungsgrößen nicht berücksichtigen. Etwaige Überlappungen in Nachbarländer blieben unberücksichtigt

Anlage 12 – Matrix: Herkunft der badischen Bürgermeister; eruiert mit der Frage: „Wo sind Sie aufgewachsen?“

Landkreis (Anzahl Respondenten)	Anteil Bürgermeister mit Parteimitgliedschaft unter den Respondenten	davon CDU Mitglieder
LK Freudenstadt (1)	100 %	100 %
Stadtkreis Baden-Baden	100 %	100 %
Stadtkreis Karlsruhe	100 %	0 %
Stadtkreis Pforzheim	100 %	100 %
LK Tuttlingen (2)	100 %	100 %
Schw.-Baar-Kreis (11)	81,8 %	100 %
Ortenau (36)	80,6 %	79,3 %
Ne.-Odenwald-Kr. (22)	68,2 %	80 %
LK Karlsruhe-Land (23)	56,5 %	61,5 %
Main-Tauber-Kreis (9)	55,6 %	100 %
Rastatt (21)	52,4 %	90,9 %
Bodenseekreis (10)	50 %	100 %
LK Konstanz (20)	50 %	70 %
LK Waldshut (24)	50 %	83,3 %
Rhein-Neckar-Kreis (43)	46,5 %	70 %
LK Breisg.-Hochsw. (37)	45,9 %	88,2 %
LK Emmendingen (20)	40 %	62,5 %
LK Lörrach (20)	40 %	75 %
Enzkreis (9)	22,2 %	100 %
LK Heilbronn (3)	0 %	0 %
LK Rottweil (2)	0 %	0 %
Stadtkreis Freiburg	0 %	0 %

Hinweis: Der Landkreis Sigmaringen und die Stadtkreise Heidelberg und Mannheim, die in dieser Auflistung nicht auftauchen, haben an der Untersuchung nicht teilgenommen.

Anlage 13 - Geographische Verteilung des Anteils der Bürgermeister (n=50), die den Parteien eine bedeutsame Rolle zuerkannten, damit kommunales Handeln nicht zur Kirchturmpolitik verkommt

Landkreis (Anzahl Respondenten)	**Anteil der Teilmenge t_4 zu Frage 8 an der Gesamtzahl aller Respondenten**
Stadtkreis Karlsruhe (1)	100 %
Stadtkreis Pforzheim (1)	100 %
LK Tuttlingen (2)	50 %
LK Karlsruhe-Land (23)	39,1 %
Rhein-Neckar-Kreis (43)	27,9 %
Bodenseekreis (10)	20 %
LK Lörrach (23)	17,4 %
LK Breisgau-Hochschw. (37)	16,2 %
LK Ortenau (36)	13,9 %
LK Waldshut (24)	12,5 %
Enzkreis (9)	11,11 %
LK Rastatt (21)	9,5 %
LK Emmendingen (20)	5 %
LK Konstanz (20)	5 %
Neckar-Odenwald-Kreis (22)	4,6 %
LK Freudenstadt (1)	0 %
LK Heilbronn (3)	0 %
Main-Tauber-Kreis (9)	0 %
LK Rottweil (2)	0 %
Schwarzwald-Baar-Kreis (11)	0 %
Stadtkreis Baden-Baden (1)	0 %
Stadtkreis Freiburg (1)	0 %